CB141375

EDITORA DO CONHECIMENTO

Auxiliando a humanidade a encontrar a Verdade

Os Dogmas da
IGREJA DO CRISTO

Os Dogmas

DA IGREJA DO CRISTO

APOLLON BOLTIN

CONHECIMENTO EDITORIAL LTDA.
Rua Prof. Paulo Chaves, 276 – Vila Teixeira Marques
CEP 13480-970 — Limeira — SP
Fone/Fax: 19 3451-5440
www.edconhecimento.com.br
vendas@edconhecimento.com.br

Projeto gráfico: Sérgio Carvalho
Ilustração da capa gentilmente cedida por:
NIETMANN FOTOGRAFIA
www.nietmann.com.br

ISBN 978-85-7618-443-0
1ª Edição – 2018

• Impresso no Brasil • Presita en Brazilo

Produzido no departamento gráfico da
Conhecimento Editorial Ltda
grafica@edconhecimento.com.br

Dados Internacionais de Catalogação na Publicação (CIP)
Angélica Ilacqua CRB-8/7057

Boltin, Apollon
Os dogmas da igreja do Cristo explicados de acordo com o espiritismo / Apollon Boltin — tradução de Luiz Gustavo Oliveira dos Santos – Limeira, SP : Editora do Conhecimento, 2018.
198 p.

ISBN 978-85-7618-443-0
Título original: Dogmes Léglise Christ

1. Religião 2.Espiritismo 3. Cristianismo I. Título II. Santos, Luiz Gustavo Oliveira dos

18-0820 CDD – 200

Índices para catálogo sistemático:
1. Religião – Espiritsmo – Cristianismo 200

Apollon Boltin

Os Dogmas da IGREJA DO CRISTO

Explicados de acordo com o espiritismo

Tradução de
LUIZ GUSTAVO OLIVEIRA DOS SANTOS

EDITORA DO CONHECIMENTO

OS DOGMAS DA

IGREJA DO CRISTO

EXPLICADOS DE ACORDO COM O ESPIRITISMO

> Ora, o Espírito diz expressamente que, nos tempos por vir, alguns abandonarão a fé, seguindo espíritos de erro e doutrinas diabólicas, ensinadas por impostores plenos de hipocrisia, cuja consciência é enegrecida de crimes, que interditarão o casamento e o uso de alimentos que Deus criou para serem recebidos com ação de graças pelos fieis, e por aqueles que conhecem a verdade.
>
> (I Timót., iv, 1, 2, 3.)

POR

APOLLON BOLTIN

(traduzido do russo)

PARIS

C. REINWALD, LIVREIRO-EDITOR,

RUA DOS SANTOS PAIS, 15.

—

1866

—

Traduzido do francês por

Luiz Gustavo Oliveira dos Santos

Sobre o autor

Apollon Boltin[1] foi um importante pioneiro, profundo comentarista e apologista do Espiritismo na Rússia. Sua atuação teve grande impacto e aceitação no desenvolvimento dessa doutrina à época de seu surgimento. As informações sobre o autor, obtidas com certa dificuldade a partir de pesquisas empreendidas nas fontes relacionadas ao final, virão desenvolvidas por tópicos representativos das principais fases de sua atuação.

1) O autor antes do Espiritismo

> Apollon Petrovich Boltin pertencia a uma grande família nobre [da Rússia], que tinha mesmo relações com a família real. Seu avô, Alexandre Stepanovich Boltin, serviu como vice-governador em Ryazan, ainda sob o reinado de Catarina II, e o pai Pedro Alexandrovich chegou ao cargo de conselheiro colegiado no Serviço Civil.
> Apollon nasceu em 1807. Em 1844, serviu no Ministério dos Assuntos Internos, na classe 5. Aparentemente, de lá, ele chegou à Sibéria para o cargo de presidente do governo provincial de Tomsk. De Tomsk, foi em promoção para Vyatka, nomeado vice-governador. Nesta cidade, serviu por dois anos e

[1] No francês, seu nome aparece escrito geralmente "Apollon de Boltinn", mas também "Apollon Boltine" ou "Apollon Boltinn".

> meio, depois se mudou para Vladimir, também para ocupar o cargo de vice-governador. Nosso contemporâneo Nikolai Frolov, no *Prizyv*, jornal regional de Vladimir, retratou-o: 'Não jovem, mas alegre, despreocupado, animado, com cabelos grisalhos'. Apollon Petrovich casou-se com a filha do proprietário Saratov, Ekaterina Ivanovna Yushkova, ela era 14 anos mais nova que o marido. (KOBELEV, 2014, verbete Boltin, Apollon Petrovich.)

O casal teve, em 1838-39, duas filhas, descritas pelo compositor Sergei Taneyev como "adoráveis garotas de cabelos encaracolados e de olhos cinza, 'elas eram extraordinariamente elegantes. Nunca vi dois seres humanos mais em harmonia um com o outro'" (*Idem, loc. cit.*). Elas se chamavam Elizabeth Apollonovna Boltin, que desposou posteriormente o clássico escritor russo Mikhail Saltykov (de pseudônimo Shchedrin, pertencente à família real), e Anna Apollonovna Boltin.

> Em 1859-1864, [Apollon] foi um oficial de atribuições especiais da quinta classe no Departamento Provincial, e, em 1865-1867, serviu ali como intendente do Departamento Militar. Esta provou ser sua última atividade. Em uma das publicações modernas, ele era chamado de general; talvez, o *status* civil houvesse sido substituído por um militar e superior.
>
> O ex-presidente do governo provincial de Tomsk, Apollon Petrovich Boltin, passou sua vida no Serviço Civil, ocupando diversos cargos no Ministério do Interior e no Departamento Militar.
>
> Na década de 1860, ele ficou deslumbrado com os ensinamentos do fundador do espiritismo francês, Allan Kardec (...). (*Ibid.*)

Assim, Boltin, nos últimos anos de sua carreira de dignitário do império russo, com mais de cinquenta anos de idade, aderiu à doutrina espírita e passou a atuar ativamente em sua propagação.

2) Fundação da sociedade espírita em São Petersburgo

Tornando-se, então, adepto da doutrina de Allan Kardec, "o General Apollon Boltin" veio a ser "um dos mais zelosos representantes do Espiritualismo em São Petersburgo",[2] a ponto de ser considerado "o apóstolo russo do ensino de Kardec".[3]

M. Carlson nos informa que "o espiritismo francês veio para a Rússia em 1854, introduzido pelo General Apollon Boltin".[4]

Em 23 de outubro de 1864, foi fundado, em São Petersburgo, o primeiro grupo espírita, sob a presidência de Apollon Boltin. Esta sociedade tinha o objetivo de consolar os aflitos, encarnados ou desencarnados. Sua prática era conforme as orientações dadas pelas publicações de Allan Kardec para o funcionamento das sessões espíritas.

Embora outros grupos ali tenham emergido esporadicamente, aquele em torno de Apollon Boltin foi a primeira sociedade regular e ordenada, contando, já em junho de 1865, com 40 membros e médiuns.

Boltin desejava contribuir com a propagação e a consolidação da doutrina, enviando a Kardec as mais elevadas comunicações que recebesse em seu grupo para o exame da *Revista Espírita*. Kardec, por sua vez, inteirado da atuação de Apollon e de seu grupo na Rússia, que era, aliás, elogiado pelos que dele participavam, tomou-o como exemplo de prática espírita consistente e caridosa.[5]

3) Inserção do Espiritismo na Rússia: tradutor e comentarista de Kardec

Paralelamente à sua atividade na sociedade espírita, "Boltin foi um dos mais ativos advogados do espiritualismo na Rússia: o tradutor e intérprete das obras do 'pai do espiritualismo filosófico', Allan Kardec".[6] Além de "ter traduzido para a língua russa as principais obras de Kardec",[7] ele

[2] BRITTEN, 1884, p. 356.
[3] VINITSKY, 2009, p. 10.
[4] CARLSON, 1993, p. 23.
[5] KARDEC, 1996, "O Espiritismo no alto e no baixo da escala". Inserimos, mais adiante (na p. 24), os escritos entre Kardec e Boltin constantes deste número da revista.
[6] VINITSKY, 2009, p. 110.
[7] BRITTEN, 1884, p. 356.

> ...escreveu várias interpretações de sua doutrina. Naturalmente, os censores religiosos recusaram permitir sua publicação, mas manuscritos das traduções (e mesmo uma litografia) se espalharam rapidamente na sociedade. (Vinitsky, *op. cit.*, p. 10.)

Como é bem documentado por diversos autores, as condições na Rússia para a novidade das ideias espíritas eram bastante adversas. Havia forte censura religiosa, por um clero católico ortodoxo indisposto à doutrina trazida por Boltin e ligado ao poder imperial.

Um correspondente da *Revista Espírita*, o polonês Henri Stecki, conheceu em primeira pessoa as circunstâncias perigosas do país naquele período e nos descreveu as resistências que Apollon Boltin enfrentou. Num artigo sobre "A imprensa na Rússia", na *Revista Espírita* de janeiro de 1883, Stecki escreveu:

> Tendo passado quinze anos de minha vida em São Petersburgo, membro ativo de um grupo espírita, tive todo o tempo para me convencer de até que ponto o Espiritismo era pouco desejado nas esferas governamentais, se bem que algumas individualidades altamente colocadas fossem zelosas adeptas. Nosso inimigo mais encarniçado era a censura preventiva, instituição necessária talvez em um governo absoluto, mas bem inconveniente para o desenvolvimento do progresso da inteligência, e impeditiva de suas manifestações, desde que se tocasse em certas questões que, acreditava-se, podiam trazer suspeita ao obscurantismo religioso ou político. Os livros espíritas em língua estrangeira eram tolerados; mas se proibia a tradução, e, sobretudo, era severamente proibido imprimir escritos originais em língua russa, desde que estes últimos se permitissem pleitear a causa do Espiritismo. Ao contrário, a censura deixava passar com felicidade todo manuscrito que condenava ou ridicularizava esta doutrina aos olhos do público.
>
> Um certo Sr. Mouravyov-Apostol tendo aberto o fogo de todas as suas baterias numa cruzada empreendida nos jornais contra o Espiritismo, o presidente

de nosso grupo de então, o general Boltin, levantou a luva em nome da doutrina que lhe era cara, e atacou de frente o inimigo; querendo batê-lo por suas próprias armas. A censura civil o enviou à censura clerical, aconselhando-o a se dirigir a um sacerdote altamente colocado na hierarquia, cuja inteligência e luzes eram de grande estima. Um dia, o general recebeu, sob envelope oficial, seu manuscrito acompanhado de um papel trazendo a assinatura e o selo do eminente personagem, que aí dizia que após ter lido o artigo com atenção, a censura do Santo Sínodo considerando que o autor aí enuncia princípios completamente contrários aos dogmas da santa Igreja e da fé, que negava a existência do diabo, não acreditava nas penas eternas etc.; ademais, como propagava as ideias ímpias e perigosas de um certo Allan Kardec, a censura não podia permitir a publicação do dito artigo, e aconselhava o autor a se dirigir não à imprensa, mas antes a seu pai espiritual (nome que se dá na Rússia ao confessor).
(...) O general Apollon Boltin tinha traduzido para o russo (...) *O Livro dos Espíritos* e *O Livro dos médiuns*, que ele prestou voluntariamente em manuscrito, não podendo imprimir estes livros naquele tempo. Sua filha, senhorita Anna Boltin, deveu herdar os manuscritos de seu pai.[8] (JOLY, 1883, p. 91-92.

4) Defesa do Espiritismo: contra a intolerância religiosa

Toda essa circunstância desfavorável, entretanto, não impediu Boltin de se lançar publicamente em defesa de sua doutrina.

Assim, dirigiu-se ele contra os propagadores da intolerância religiosa, numa disputa arriscada, pois estes eram os próprios membros da Igreja, escudados pela ortodoxia hegemônica. Aproveitando um dos ataques eclesiásticos, feito nas páginas de um jornal, iniciou a defesa:

[8] Após mais de vinte anos, o manuscrito, já publicado na França, ainda não tivera sua impressão autorizada na Rússia, devido ao que Stecki chamava "o vento anti-espírita" na censura no país. (Idem, p. 92.)

> O primeiro debate na imprensa russa sobre o "espiritualismo filosófico" foi realizado em 1864. A publicação da análise crítica do Arcipreste G. Debolsky sobre a doutrina kardecista, no jornal *Raduga* (*O Arco-Íris*), foi seguida de uma resposta de Apollon Boltin, e de extenso comentário a esta resposta pelo editor do jornal, Byurger. (Vinitsky, *op. cit.*, p. 14.)

Em geral, os argumentos eclesiásticos costumavam proceder deturpando o Espiritismo, atribuindo-lhe práticas "cabalísticas" ou "mágicas" que este jamais esposara, e, depois, estando feito o espantalho, lançando-lhe o anátema. Boltin se refere a esta ofensiva do presbítero Debolsky, feita nesses mesmos termos, também na obra *Os Dogmas da Igreja do Cristo*, que apresentamos neste volume, e nela se poderá ter ideia do seu teor, bem como da grandeza da resposta de nosso autor.

Além da réplica direta ao artigo de Debolsky, Boltin, em correspondência a Kardec pela *Revista Espírita* (1865), afirmou que a mais adequada resposta aos detratores do Espiritismo na Rússia foi dada por meio da publicação de uma tradução sua, da obra kardecista *O Espiritismo em sua expressão mais simples*, que ele fez inserir no mesmo jornal.[9]

5) O debate contra o materialismo

Paralelamente à resistência religiosa, que dificultava a inserção do Espiritismo na Rússia, a teoria materialista, por sua vez, ganhava espaço no início da década de 1860 e propagava suas ideias.

Em 1863, surgiu um livro materialista, de I. M. Sechenov, intitulado *Reflexos do Cérebro*, conhecido mesmo como "o manifesto da nova época 'niilista'"[10]. Também esta oposição teórica deveu ser debatida por Boltin.

> Pouco depois [de responder Debolsky], Boltin lançou uma campanha jornalística contra o materialismo, publicando (primeiro, como artigo, depois, como panfleto separado) sua

[9] KARDEC, 1996. Junho, "O Espiritismo no alto e no baixo da escala".
[10] VINITSKY, op. cit., p. 14.

> crítica aos "*Reflexos do Cérebro*" (1863) de I. M. Sechenov (...). Boltin declarou a compreensão materialista e fisiológica da vida psíquica como um erro e atacou o "empréstimo" e a distorção da terminologia espiritualista feitos por seus "oponentes". (Vinitsky, *op. cit.*, p. 14.)

Dessa forma, um "debate sobre espírito e matéria se desdobrou em jornais russos nos anos 1860",[11] contando com a participação ativa de Boltin, no que se tornou uma "guerra impressa contra o materialismo".[12] Para conhecermos esta via de defesa do autor, segue um trecho da resposta de Apollon Boltin à obra do materialista Sechenov:

> Como vós definis a alma? (...) Por que tomais vossas palavras do vocabulário dos espiritualistas? Por que, por exemplo, dizeis *vida psíquica*, ou *a alma é o órgão do cérebro*? Do ponto de vista espiritualista, essas expressões são precisas e têm significado; mas, do ponto de vista materialista, elas não significam nada, especialmente quando vós substituís a palavra *alma* por *produto da atividade do cérebro*, ao que, em vossa visão, ela é equivalente." (Boltin, Apollon. *Observações sobre "Reflexos do Cérebro"*, 5, *apud* Vinitsky, 2009, p. 14.)

Os debates continuavam e a inserção do Espiritismo se aprofundava em território russo, pouco a pouco, com a ação perseverante e indelével deste pioneiro.

6) Desenvolvimento da teologia espírita

Em 1864, vem à luz a obra maior de Apollon Boltin: *Os Dogmas da Igreja do Cristo, explicados de acordo com a doutrina espírita*. Nela, o autor deixa patente seu vasto conhecimento da teologia cristã, sobre a qual escreve com a experiência do erudito. Tece comentários valiosos sobre os escritos dos que chama os "Doutores" das Igrejas Católica Romana e Ortodoxa, explicando com igual perspicácia os textos dos antigos Pais da Igreja (como João Damasceno, Gregório de

[11] Idem, p. 110.
[12] KOBELEV, op. cit.

Niceia, Teodoreto, Santo Agostinho e outros), bem como os textos bíblicos, com muita profundidade.

Além de analisar as interpretações tradicionais da Igreja e, principalmente, discutir a postura intransigente dos chefes do clero, Boltin, nesta obra, não se intimida e também responde à altura as acusações que a doutrina espírita, por ele abraçada, recebia. Suas argumentações filosóficas e teológicas ressaltam com brilho destas páginas.

A obra, mesmo em meio à reação contrária, conseguiu fazer a doutrina alcançar célebres sábios russos que nutriam afeição pelo espiritualismo, como o escritor Dostoiévski.[13]

Em 1866, é publicada a versão francesa da obra, pela Casa de Imprensa Reinwald, que utilizamos na presente tradução. Allan Kardec fez dela uma resenha elogiosa na seção "Bibliografia", da *Revista Espírita* de junho de 1866.[14] Apollon Boltin, conforme a avaliação de Allan Kardec, conseguira, neste trabalho, realizar com êxito uma abordagem espírita séria e ponderada da Bíblia, além de uma crítica honesta e elevada dos dogmas e das posturas radicais da Igreja.

Isso valeu a inserção da obra de Apollon no *Catálogo racional para se fundar uma Biblioteca Espírita*, de Allan Kardec, como obra reconhecidamente espírita e com méritos para edificar os adeptos sobre a interpretação bíblica.

Portanto, Boltin desenvolveu metodicamente a interpretação bíblica sob a ótica espírita. Ora, Kardec reconhecia que este era um objetivo em que era preciso avançar (como ser verá mais abaixo, em texto dele que citamos) e que Boltin realizou com maestria. Além disso, sua obra permitia orientar a postura espírita em face da revelação do Antigo e do Novo Testamentos, dos quais esta doutrina perfaz a sequência histórica, filosófica e profética.

7) Atuação da família Boltin no Espiritismo

Sabe-se que a família Boltin se engajava em pesquisas mediúnicas. Algumas experiências espíritas realizadas por

[13] "Dostoiévski também pode ter sido familiarizado com a doutrina espiritualista de Kardec: em sua biblioteca, ele tinha Os Dogmas da Igreja do Cristo, explicados de acordo com a doutrina espírita (1864), de Apollon Boltin." (VINITSKY, 2016, nota 62.)

[14] Inserimos esta resenha de Kardec, na p. 24.

eles foram imortalizadas na obra *Animismo e Espiritismo*, do pesquisador, também russo, Alexander Aksakof. Neste trabalho, explicando os estudos científicos acerca da transmissão do pensamento ou telepatia, que vinham em apoio ao Espiritismo, lemos este importante relato:

> Lembro-me de um fato desse gênero que se passou na Rússia: a filha do Sr. Boltin, um de nossos espíritas mais zelosos para a propaganda, era médium escrevente. Ela morava em São Petersburgo e se comunicava com sua irmã casada, Srª Saltykov, que permanecia na província; a relação mediúnica se estabelecia à noite, quando se julgava que uma das irmãs estava dormindo, recebendo a outra, no estado de vigília, as mensagens que sua irmã adormecida lhe transmitia. As cartas que escreviam uma à outra confirmavam singularmente as comunicações feitas durante o sono. Eu soube desse fato pela Sr.ª P., que frequentava a família Boltin. Infelizmente, perdi-a de vista e não posso, por conseguinte, proporcionar-me os detalhes necessários. (AKSAKOF, 2002, cap. IV, 1 A.)

8) Morte e comunicação de Apollon Boltin

"Apollon Petrovich Boltin morreu em maio de 1871, aos 64 anos de idade",[15] tendo realizado admirável trabalho, seguido do devido reconhecimento dos espíritas de seu tempo.

Alguns meses depois, houve uma comunicação do Espírito Apollon dirigida à sua filha médium, Anna Boltin, residente então em Janovo, Rússia, comunicação esta que ela remeteu à *Revista Espírita*. Foi noticiado, na ocasião, o desencarne de Boltin, na seção "Necrológio", da *Revista Espírita* de março de 1872, então sob a direção de P. G. Leymarie, o qual manifestou aí o desejo de realizar uma evocação deste eminente Espírito.[16]

Em junho de 1872, faz-se, em Paris, a evocação do Espírito Apollon Boltin, o qual deu explicações sobre algumas de suas ideias e sobre o progresso por ele obtido após sua chega-

[15] KOBELEV, op. cit.
[16] LEYMARIE, 1872, Março, "Necrológio".

da no mundo espiritual.[17]

E, assim, encerra-se a atuação do incansável apóstolo espírita da Rússia, superando os obstáculos de abrir a mentalidade do povo russo à nova revelação que chegava ao mundo da parte dos Espíritos.

A filha médium Anna Boltin continuou como importante correspondente da *Revista Espírita* nas décadas seguintes.

Luiz Gustavo Oliveira dos Santos.
Brasília, 10 de abril de 2018.

[17] Idem, Junho, "Evocação de Apollon Boltin". Inserimos, ao final da obra, este diálogo completo.

Apresentação da tradução brasileira

Esta tradução que ora oferecemos do livro de Apollon Boltin cumpre o dever de levar ao público uma obra basilar espírita, que trata de assuntos teológicos de primeira ordem sob a ótica desta doutrina.

É verdade que se trata de uma "tradução da tradução", pois a obra foi escrita em russo e nos valemos, aqui, do texto francês editado pela Casa de Imprensa Reinwald. Apesar dessa distância do idioma original, podemos conceder que a versão francesa da obra de Boltin carrega a marca da correção para fins de estudos doutrinários, pois foi esta edição que caiu nas mãos e sob os olhos de Allan Kardec, fazendo-o incluí-la no seu *Catálogo Racional* e redigir a resenha elogiosa a ela que lemos na *Revista Espírita* de 1866.

Além disso, o próprio Boltin, tradutor dos livros de Kardec para o russo, era conhecedor dos dois idiomas e sabemos que teve em mãos a versão francesa da Casa Reinwald (há exemplares franceses assinados por ele). Não temos conhecimento de qualquer objeção dele a esta edição.

Cabe dizer ainda que é de nossa praxe uma tradução literal a partir dos originais, às vezes, sacrificando certas nossa gramática em nome da maior fidelidade à construção e fluxo das ideias do autor, quando a circunstância o exige, sem comprometimento da ideia. Mantivemos ao máximo a forma original da escrita, inclusive as notações bíblicas em números romanos e as abreviações usadas (p. ex., onde ele põe "J. C."

para Jesus Cristo). Adicionamos, por nossa conta, apenas os retratos dos autores mais citados na obra, Macário e Antônio, com as respectivas legendas, para breve informe ao leitor atual. Outras notas do tradutor virão devidamente informadas.

Assim, tivemos o objetivo constante de manter o texto o mais próximo possível, na forma e no conteúdo, da versão francesa que leu Allan Kardec.

Boltin faz uso de muitas citações e, em todos os casos, traduzimo-las exatamente como estão em sua obra. Isso inclui as citações bíblicas, que foram traduzidas a partir do que ali se lê, sem recorrermos a qualquer versão da Bíblia consagrada em português. Aliás, o autor tece importantes críticas sobre as traduções bíblicas eslava e francesa no decorrer da obra, as quais valeriam bem para as traduções portuguesas.

O desenvolvimento do aspecto teológico da doutrina espírita se fazia necessário, portanto, como já apontara Kardec (ver p. 24). Não à toa, a presente obra, como ainda *O Espiritismo na Bíblia* (de Henri Stecki, também traduzida por nós), preenchem esta lacuna e são, com justeza, tratadas pelo codificador como "complementares" da doutrina.

Com esta tradução, damos um importante passo para a construção em vernáculo da biblioteca espírita idealizada por Kardec em seu inestimável *Catálogo Racional*.

Luiz Gustavo Oliveira dos Santos – tradutor
Brasília, 18 de abril de 2018.

Fontes bibliográficas da apresentação do autor (títulos traduzidos)

AKSAKOF, Alexandre. *Animismo e espiritismo*. 6. ed. Trad. Dr. C. S. Rio de Janeiro: FEB, 2002.

BRITTEN, Emma Hardinge. *Milagres do século dezenove: ou Espíritos e seu trabalho em todos os países da terra:* um compêndio histórico completo do grande movimento conhecido como espiritualismo moderno. Nova York-EUA: William Britten, 1884. (Em inglês.)

CARLSON, Maria. *Nenhuma religião está acima da verdade:* uma história do movimento teosófico na Rússia, 1875-1922. Princeton-New Jersey: Princeton University Press, 1993. (Em inglês.)

JOLY, H (Org.). *Revista Espírita*: jornal de estudos psicológicos. Ano de 1883. Disponível em: <http://www.autoresespiritasclassicos.com/ Allan%20Kardec/Am%C3%A9lie%20Boudet/Allan%20Kardec%20%20La%20Revue%20Spirite%20Janvier%201883.pdf>. Acesso em 12 abr. 2018. (Em francês)

KARDEC, Allan. *Catálogo racional das obras para se fundar uma biblioteca espírita*. **In** *O espiritismo em sua expressão mais simples e outros opúsculos de Kardec*. 3. ed. Trad. Evandro Noleto Bezerra. Brasília: FEB, 2016.

_______. *Revista Espírita:* jornal de estudos psicológicos. Ano de 1865. Trad. Salvador Gentile. Araras-SP: IDE, 1996.

_______. *Revista Espírita:* jornal de estudos psicológicos. Ano de 1865. Trad. Salvador Gentile. Araras-SP: IDE, 1993.

KOBELEV, Alexey Ivanovich. *Personagens principais da província de Tomsk: retratos históricos 1804-1917*. Barnaul: Altai Press House, 2014. (Em russo.)

LEYMARIE, P. G. (Org.) *Revista Espírita:* jornal de estudos psicológicos. Ano de 1872. Disponível em: <http://espiritismoativo. weebly.com/uploads/3/1/4/5/31457561/revuespirite72.pdf>. Acesso em: 09 abr. 2018. (Em francês.)

VINITSKY, Ilya. Onde Bobok está enterrado: as raízes teosóficas do "realismo fantástico" de Dostoévski. **In** *Slavic Review*, 65:3, 523-543, 2016. (Em inglês.)

_______. *Paradoxos espirituais:* espiritualismo moderno e cultura russa na idade do realismo. Toronto-CAN: University of Toronto Press, 2009. (Em inglês).

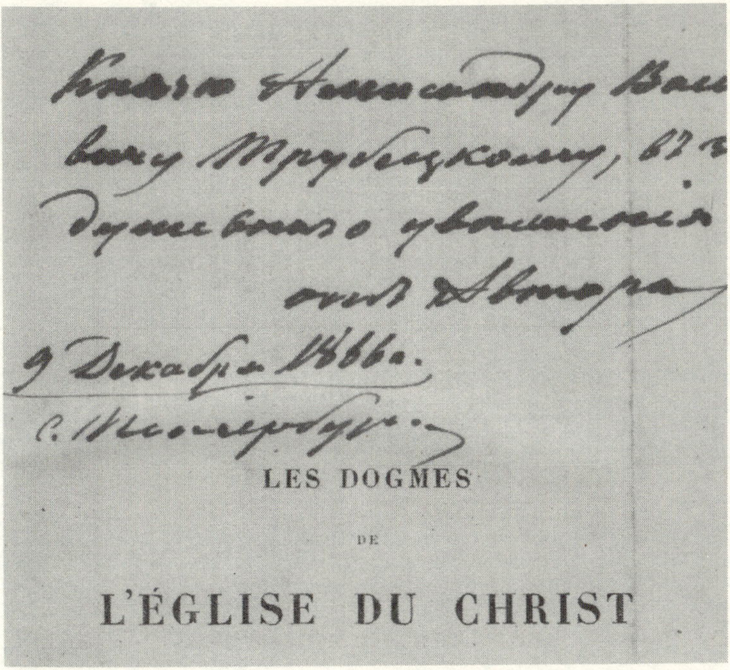

LES DOGMES

DE

L'ÉGLISE DU CHRIST

Assinatura de Apollon Boltin em sua obra *Os Dogmas da Igreja do Cristo* (versão francesa), 1866.

Correspondência de Apollon Boltin a Allan Kardec

(*Revista Espírita*, Junho de 1865)

O Espiritismo no alto e no baixo da escala

... Carta de "um dignitário do império russo"...

"Senhor,

Desde 23 de outubro último, formou-se em nossa cidade um grupo espírita sob a proteção do apóstolo São Pedro. Considerando-te, senhor, como nosso mestre em Espiritismo, faço-me um dever, como presidente deste grupo, em disso te informar.

O objetivo principal que nos propomos é o alívio dos Espíritos sofredores, tanto encarnados como desencarnados. Nossas reuniões têm lugar duas vezes por semana. Tentamos atingir a unidade do pensamento e, para chegar a isso, cada um dos assistentes, durante toda a sessão, guarda o silêncio mais recolhido e, quando a questão posta aos Espíritos é lida em alta voz, cada um de nós pede mentalmente a ajuda de seu anjo protetor a fim de obter uma resposta verdadeira. Tendo o mais frequentemente lidado, em nossas evocações, com Espíritos de uma ordem inferior, com Espíritos obsessores e conhecendo, por experiência, a eficácia da prece em comum, aí temos quase sempre recurso para esclarecer e aliviar esses infelizes. Nosso grupo possui muitos médiuns, mas, comumente, não há senão dois ou três que escrevem em cada sessão. Temos, além disso, um médium auditivo e vidente e um magnetizador. Prometem-nos um médium desenhista, mas, não o tendo jamais visto, não posso apreciar sua faculdade. Nosso grupo já se compõe de quarenta membros.

Há muitas outras reuniões Espíritas em São Petersburgo, mas elas não têm regulamento; nosso grupo é o primeiro que está regularmente organizado e esperamos que, com a ajuda de Deus, nosso exemplo seja seguido.

Estou feliz de poder te dizer que a primeira brochura espírita, enfim, apareceu na Rússia, impressa em São Petersburgo com a autorização da censura; é minha resposta a um artigo que o arcipreste Sr. Debolsky inseriu no jornal *Raduga* (*Arco-Íris*). Até o presente, nossa censura não permitia publicar senão artigos contra, mas jamais pró o Espiritismo. Pensei que a melhor refutação seria a tradução de tua brochura *O Espiritismo em sua mais simples expressão*, que fiz inserir nesse jornal.

Permite-me, senhor, endereçar-te as comunicações mais importantes que possamos obter, aquelas, sobretudo, que possam vir em apoio da verdade e da sublimidade de nossa doutrina?

Queres aceitar etc.

O general A. de B..."[18]

A postura deste grupo, o objetivo todo de caridade que aí se propõe, são as melhores provas de que o Espiritismo aí é compreendido em sua verdadeira essência e encarado sob seu lado mais sério e mais eminentemente prático; aí, nada de curiosidade, nada de perguntas fúteis, mas a aplicação da doutrina no que ela tem de mais elevado. Uma pessoa que tem frequentemente assistido a esta reunião nos disse que se edificou com a gravidade, o recolhimento e o sentimento de verdadeira piedade que aí presidem.

(...)

Allan Kardec

[18] Iniciais de "Apollon de Boltinn", como era chamado em francês.

Comentários de Allan Kardec sobre a obra

Catálogo racional de obras que podem servir para fundar uma biblioteca espírita

II. – Obras diversas sobre o Espiritismo ou complementares da doutrina

(...)

Dogmas da Igreja do Cristo, (**Os**) explicados pelo Espiritismo, por Boltin; traduzido do russo. – 1 vol. in-8, 4 fr.; franco, 4 fr. 50 c. Paris, Reinwald. (*Revista Espírita* de dezembro de 1866, p. 389.)

Revista Espírita
Dezembro de 1866, p. 389.

Notícias bibliográficas

Os dogmas da Igreja do Cristo

EXPLICADOS DE ACORDO COM O ESPIRITISMO

POR APOLLON BOLTIN[19]

O assunto desse livro apresentava um escolho perigoso, que o autor prudentemente evitou em se abstendo de tratar as questões que não estão na ordem do dia e sobre as quais o Espiritismo não é ainda chamado a se pronunciar. O Espiritismo não admitindo como princípios reconhecidos senão aqueles que receberam a sanção do ensino geral, as soluções que podem ser dadas sobre as questões não ainda elaboradas não são senão opiniões pessoais dos homens ou dos Espíritos, suscetíveis de receber mais tarde o desmentido da experiência; essas soluções prematuras não poderiam empenhar a responsabilidade da doutrina, mas poderiam desviar a opinião fazendo crer que as aceita. É o que perfeitamente compreendeu Sr. Boltin, pelo que o felicitamos. Por isso, seu livro pode ser reconhecido pelo Espiritismo e posto na posição das obras chamadas a prestar serviço à causa. Ele escreveu com prudência, moderação, método e clareza. Vê-se que o autor fez um estudo aprofundado das Escrituras santas e dos teólogos

[19] 1 vol. in-8°, traduzido do russo, preço: 4 fr. – Paris, Casa Reinwald, 15, rua dos Santos Pais.

da Igreja latina e da Igreja grega, dos quais ele comenta e explica as palavras como homem que conhece o terreno sobre o qual se coloca. Seus argumentos têm a força dos fatos, da lógica e da concisão. Que o livro de nosso irmão da Rússia seja bem-vindo entre nós. É assim que, em nome do Espiritismo, todos os povos se dão a mão.

Allan Kardec

OS DOGMAS
DA

IGREJA DO CRISTO

EXPLICADOS DE ACORDO COM O ESPIRITISMO

> Ora, o Espírito diz expressamente que, nos tempos por vir, alguns abandonarão a fé, seguindo espíritos de erro e doutrinas diabólicas, ensinadas por impostores plenos de hipocrisia, cuja consciência é enegrecida de crimes, que interditarão o casamento e o uso de alimentos que Deus criou para serem recebidos com ação de graças pelos fieis, e por aqueles que conhecem a verdade.
>
> (I Timót., iv, 1, 2, 3.)

POR

APOLLON BOLTIN

(traduzido do russo)

PARIS
C. REINWALD, LIVREIRO-EDITOR,
RUA DOS SANTOS PAIS, 15.

1866

Traduzido do francês por
Luiz Gustavo Oliveira dos Santos

Prefácio

Persuadidos de que uma explicação lógica dos dogmas da Igreja do Cristo responderia ao desejo de muitas pessoas e, sobretudo, que poderia ser útil àqueles que se distanciaram da religião cristã unicamente por causa das explicações pouco lógicas e frequentemente contraditórias que deles deram os Pais da Igreja, decidimo-nos a publicar este ensaio. Se nossas explicações não satisfazem todo mundo, esperamos ao menos que todo pensador não prevenido, todo verdadeiro pesquisador da verdade, aí encontre razões convincentes da religião cristã, da verdade dos dogmas, do objetivo de nossa existência terrestre, da causa das misérias humanas e da necessidade de trabalhar em nossa melhoria.

Compreendemos muito bem que, para as pessoas que não conhecem o Espiritismo, e que não admitem as manifestações dos Espíritos, nós faríamos bem, antes de explicar os dogmas do ponto de vista espírita, em lhes provar a possibilidade e a realidade dessas manifestações, sem o que, nossos argumentos, por si, repousam sobre uma base não aceita, perdendo toda a sua força. Mas, como, pela natureza de nossa obra, que é apenas uma aplicação da doutrina espírita, não podemos entrar nos detalhes que isso necessitaria, nós rogamos àqueles que não creem nela admitirem, para o momento, a título de hipótese, a existência dos Espíritos, a pluralidade das existências corporais e o progresso dos Espíritos, deixando ao leitor o cuidado de comparar nossa hipótese com outras, e de decidir qual resolve todas as questões mais racionalmente e mais logicamente. Quanto àqueles que desejem conhecer a teoria do Espiritismo, recomendamos-lhes ler, primeiro, o *Livro dos Espíritos* e, em seguida, o *Livro dos Médiuns*, por Allan Kardec.

Não ousamos nos lisonjear com a esperança de que esta obra atinja plenamente o objetivo a que nos propomos, mas esperamos que ela dê a ideia a outros, mais capazes que nós, de examinar os dogmas da Igreja cristã, e de explicá-los com mais precisão e nitidez do que pudemos fazê-lo.

Introdução

Aqueles que negam o Espiritismo sem tê-lo estudado, e que não o conhecem senão por ouvir dizer, imaginam que ele consiste apenas no movimento das mesas, e que é apenas uma sorte de adivinhação; mal compreendem o seu verdadeiro alcance, e não suspeitam que, do movimento das mesas, esse fenômeno tão simples em aparência, saiu toda uma filosofia. Tentai falar do Espiritismo a essas pessoas, a primeira questão que elas vos farão será: "Perguntai a vossos Espíritos o meio de me enriquecer"; ou bem: "Obterei tal emprego? Ganharei meu processo?" Isso não seria ainda nada, se ficassem aí; mas elas se erigem em juízes, publicam artigos, imaginando refutar o Espiritismo; mas seus artigos não refutam senão seu próprio erro. Não tendo estudado o Espiritismo, e dele não conhecendo nem a essência nem o alcance, elas lhe atribuem coisas nas quais o Espiritismo jamais pensou; tomam-no por uma feitiçaria satânica, supõem-lhe formas mágicas e misteriosas para as evocações dos Espíritos; e, preenchendo com esse tema páginas inteiras, tiram sua eloquência de zombarias e sarcasmos mordazes. Imaginam então ter esmagado o Espiritismo; mas o Espiritismo sai, cada vez, intacto de suas diatribes. E poderia ser diferente? Como não o conhecem, seus golpes só podem cair em falso.

Outros, que foram testemunhas de muitos fenômenos materiais de manifestações, deles reconhecem perfeitamente a realidade, mas os atribuem à intervenção do diabo, fundando-se no fato de que o Espiritismo nega a eternidade das penas, a existência de Satã e que nada diz das cerimônias religiosas estabelecidas pela Igreja, e disso concluem que o Espiritismo se dá por uma religião distinta, que tende a destruir a do Cristo.

Para se convencer de que o Espiritismo não é a obra de Satã, basta ver seus resultados benfazejos. Nosso Salvador disse: *Cada árvore se conhece por seu próprio fruto*;[20] e os bons frutos do Espiritismo são reconhecidos por qualquer um que dele tenha seguido um pouco a marcha. Por um lado, desde os dezoito séculos em que a educação religiosa dos povos é guiada pelos Pais da Igreja, estes não puderam impedir a incredulidade e o materialismo de se espalhar e de invadir a sociedade. Por outro lado, embora o Espiritismo ainda esteja apenas em seu início, vede que número de incrédulos ele já converteu, desde os poucos anos em que existe. *Podem-se colher uvas dos espinheiros ou figos dos abrolhos?*[21] Pode-se dizer, depois disso, que o Espiritismo destrói a religião cristã? É razoável atribuí-lo à obra de Satã? E pode ser que o diabo se ponha a converter os incrédulos? O Espiritismo, é verdade, refuta e nega a existência de Satã e a eternidade das penas, mas é nesta outra maneira de ver que consiste sua força maravilhosa; quanto à causa da impotência dos Pais da Igreja, ela provém justamente de que eles não reconhecem a lei do progresso para a religião, e que a têm condenado à imobilidade. Seu erro consiste em confundirem o objeto com a concepção desse objeto. Expliquemos nossa ideia por um exemplo: o trovão é um fenômeno permanente e constante, mas a concepção desse fenômeno tem sido, de todo tempo, conforme ao grau do desenvolvimento intelectual dos homens. Nos tempos recuados, tomava-se o trovão pela expressão da cólera de Deus; o povo russo o atribuía ao barulho do carro sobre o qual passeava o profeta Elias no céu; mas, hoje, que as leis da eletricidade são conhecidas, a explicação é outra e perfeitamente lógica. O que seria, então, se quiséssemos condenar o trovão à mesma imobilidade à qual se tem submetido a religião, e se tivéssemos continuado a sustentar a opinião de que o trovão é

[20] Lucas, IV, 44.
[21] Mat., VII, 16.

a expressão da cólera de Deus, ou bem que é o barulho do carro do profeta Elias passeando no céu? Isso seria uma absurdidade à qual nenhum homem sensato de nosso tempo daria fé. E seria razoável lançar contra ele o anátema? Dá-se o mesmo com a religião. A religião está baseada sobre a verdade, e essa verdade deve restar imutável; mas a concepção ou a explicação dessa verdade deve se conformar ao grau do desenvolvimento intelectual dos homens. Por isso, quanto às explicações dos dogmas da religião, o sistema de imobilidade admitido pelos Pais da Igreja não é razoável, não pode se sustentar. Os próprios Pais da Igreja já foram obrigados a renunciar a esse sistema, e, malgrado os anátemas que lançaram contra Galileu, foram forçados a mudar sua opinião e admitir a evidência do movimento da Terra em torno do Sol. É por isso que seria bom que eles aproveitassem essa lição, e que estudassem a história. Moisés, tendo de falar a um povo grosseiro e ignorante, representava-lhe Deus vingativo e cruel; Jesus Cristo, quinze séculos depois de Moisés, falava-lhe de um Deus de misericórdia e de caridade: *Assim, vosso Pai, que está nos céus, não quer que um só desses pequeninos pereça*;[22] mas, falando das penas futuras, não podia lhes falar de torturas morais que eles não podiam compreender ainda; por isso, em conformidade com seu desenvolvimento intelectual, e a fim de lhes fazer compreender esses sofrimentos, ele os comparava aos da terra, e, como o sofrimento pelo fogo é o mais terrível, apresentava-lhes as penas futuras sob a forma de uma geena ardente. O apóstolo Paulo escrevia aos Coríntios: *Eu vos nutri apenas de leite, e não de alimentos sólidos, porque disso não éreis capazes: e, no presente mesmo, não o sois ainda, porque sois ainda carnais.*[23] Assim, essas palavras do apóstolo e os exemplos precedentes provam com evidência que a linguagem das santas Escrituras tem sempre estado no nível do desenvolvimento intelectual da humanidade. Nós temos a mesma prova disso nas próprias palavras de nosso Salvador, que, falando do Santo Espírito que prometia enviar após ele da parte de seu Pai, disse: *Eu tenho ainda muitas coisas a*

[22] Mat., XVIII, 14.
[23] I Corínt., III, 2.

vos dizer, mas vós não podeis suportá-las presentemente.[24] Por isso, Jesus Cristo, encontrando os homens daquele tempo pouco desenvolvidos ainda, deixava ao Santo Espírito o cuidado de esclarecê-los mais particularmente numa época em que a humanidade tivesse se tornado mais apta a compreendê-lo; é por isso que ele acrescentou: *Quando este Espírito de Verdade vier, ele vos ensinará toda a verdade... e vos anunciará as coisas por vir... ensinar-vos-á todas as coisas, e vos fará relembrar de tudo o que eu vos tenho dito.*[25] Eis-nos chegados a esta época prometida. Durante os dezoito séculos decorridos desde a vinda de Jesus Cristo, a humanidade progrediu intelectualmente, a ponto de poder suficientemente compreender os sofrimentos morais, e Deus, em sua misericórdia infinita, enviou aos homens o Espírito de Verdade. Os próprios Pais da Igreja dizem que *a redenção dos homens pertence à Santa Trindade: a Deus, o Pai, o pensamento; a Deus, o Filho, a execução desse pensamento; e a Deus, o Santo Espírito, a aplicação dessa redenção a cada homem em particular.*[26] Mas como cumprir esta última missão, sem entravar o livre arbítrio do homem? Deus, em sua sabedoria, resolveu o problema pelo Espiritismo. E, com efeito, vede o número de adeptos da doutrina espírita, que, até o advento do Espiritismo, não acreditavam em nada, e cuja conversão se fez livremente, sem violência para sua vontade. O Espírito de Verdade, pelo intermédio dos Espíritos superiores e dos Espíritos de nossos parentes e amigos defuntos, em nos desvelando a vida de além-túmulo, anuncia-nos o porvir em conformidade com as palavras de nosso Salvador; ele nos recorda de tudo o que nos disse o Cristo, e dá uma explicação lógica de suas palavras; ele nos ensina todas as coisas e nos explica toda a verdade. De sorte que as relações do mundo espiritual com o mundo corporal nos mostram, de uma maneira palpável, a imortalidade da alma, sua individualidade após a morte, a realidade das penas e das recompensas futuras, como consequências inevitáveis das boas e das más ações do homem, e nos demonstram a verdadeira significação da vida terrestre e o objetivo para o qual

[24] João, XVI, 12.
[25] João, XVI, 13; XIV, 26.
[26] Antônio, Teologia dogmática, § 218.

cada Espírito deve tender. Está aí a missão aceita pelo Santo Espírito, uma vez que todo verdadeiro Espírita, que adquiriu uma fé sincera na bondade de Deus e na verdade dos dogmas da Igreja cristã, busca se melhorar e merecer a redenção por nosso Salvador Jesus Cristo. Está, portanto, claro que o Espiritismo é a obra do Santo Espírito e não a do demônio, como os Pais da Igreja se esforçam por no-lo fazer crer.

Resta-nos ainda a dizer uma palavra a propósito da acusação de que se carrega o Espiritismo, de não falar dos regulamentos da Igreja cristã, e de representar, segundo seus adversários, uma religião à parte.

O Espiritismo não diz nada desses regulamentos, precisamente por esta razão de que ele não é uma religião, mas uma ciência filosófica moral, e que, a exemplo do Cristo, que *não veio chamar os justos, mas os pecadores,*[27] ele não se dirige aos crentes, mas aos incrédulos; pois *não são os que se portam bem, mas os doentes, que têm necessidade de médico.*[28] Entretanto, embora o Espiritismo não seja uma religião, ele deve necessariamente ter uma grande influência sobre todas as religiões em geral. No fundo de cada uma delas se encontra uma verdade, mas essa verdade é alterada por preconceitos e ideias falsas. É daí que provém a diversidade das religiões. A autêntica religião deve necessariamente ser verdadeira, e, como a verdade é uma, a religião deve sê-lo também. Tomemos para exemplo a religião cristã: o Cristo é um, sua doutrina era única, e, entretanto, vede o número de seitas cristãs que dela surgiram; e cada uma delas pretende ser a única verdadeira, a única que conduz à salvação, e todas as outras são consideradas como errôneas. E por quê? Porque as palavras de nosso Salvador foram mal compreendidas e mal interpretadas. A divisão da Igreja cristã em várias seitas é um sinal irrecusável do erro dessas interpretações. Se elas tivessem sido justas, as seitas não teriam nenhuma razão de ser; pois quem poderia se elevar contra uma verdade evidente? O Espiritismo não desvia ninguém de sua religião, mas, por suas interpretações lógicas dos dogmas da Igreja cristã, baseadas sobre o verdadeiro sentido das palavras de nosso

[27] Mat., IX, 13.
[28] Mat., IX, 12.

Salvador, ele reformará necessariamente, com o tempo, todas as religiões, purificando-as dos preconceitos e das ideias falsas, e então cada religião não guardará senão a verdade; ora, a verdade sendo uma, o Espiritismo fundirá todas as religiões em uma só e mesma crença, em uma só e mesma religião, não diferindo mais, talvez, que pelo culto, isto é, pela forma, e então, segundo as palavras do Cristo, *não haverá* sobre a terra *senão um rebanho e um pastor.*[29]

[29] João, X, 16.

O mundo dos espíritos

As almas humanas, os anjos e os demônios

> Infelizes de vós, doutores da lei, que vos apoderastes da chave da ciência, e que, não tendo entrado vós mesmos, ainda a fechastes àqueles que queriam entrar!
>
> (Lucas, xi, 52.)

Segundo o ensinamento da Igreja ortodoxa, os anjos e as almas humanas são duas criações diferentes: os anjos são espíritos incorpóreos, dotados da razão, da vontade e do poder...; foram criados antes do mundo visível e antes dos homens...; dividem-se em nove classes..., e os maus anjos mesmos foram criados bons por Deus, mas se tornaram maus de seu pleno grado.[30]

Quanto à origem das almas humanas, a Igreja grega sustenta e sempre sustentou que elas são criadas por Deus, que a alma nasce no momento em que o corpo se forma e se torna capaz de recebê-la.[31]

O quinto concílio ecumênico se exprime assim: "A Igreja, conformando-se às palavras de Deus, afirma que a alma é criada ao mesmo tempo em que o corpo, e não que uma é criada antes e o outro, depois".

[30] *Catecismo detalhado da Igreja ortodoxa*, primeiro artigo do Credo, 1ª parte, respostas às questões 19-21.

[31] Passim, resposta à questão 28.

Na Igreja oriental, o bem-aventurado Teodoreto diz:

> A santa Igreja, em sua crença nas Escrituras santas, ensina-nos que a alma é criada com o corpo, mas não com a semente de que provém o corpo e de que ela receberia a vida, mas que, segundo a vontade do Criador, ela aparece no momento mesmo em que o corpo é formado.

Na Igreja romana, o bem-aventurado Jerônimo se pergunta:

> De onde os homens tomam suas almas? Seria de seus pais (*ex traduce*), assim como acontece para os animais sem razão, de sorte que o corpo nasceria do corpo, assim como a alma nasceria da alma? Ou bem, as criaturas racionais que desceram sobre a terra em consequência de seu apego pelos corpos se unem com os corpos dos homens? Ou bem, como o ensina a Igreja, de acordo com as palavras de nosso Salvador: *Meu Pai não cessa de agir até o presente, e eu ajo também incessantemente* (João 5:17), e com as do Salmista: *Foi ele quem formou o coração de cada um deles* (Salmo 33:15), Deus cria todos os dias as almas, de sorte que sua vontade constitui já uma obra, e que ele não cessa de ser Criador?

Para concluir, Macário, em sua *Teologia dogmática*, tomo I, página 338, diz que "a própria Igreja não define com precisão a maneira de compreender essa criação das almas". Da mesma forma, a propósito da criação dos anjos (*ibid*., páginas 293, 294), ele diz que

> o historiador sagrado, em representando a criação do mundo, não disse nada de preciso concernente à origem dos anjos; e que a revelação fala com menos clareza da época na qual Deus os criou. Mas a Igreja reconhece como verdadeiro que os anjos foram criados antes de tudo, e *em geral que o mundo dos Espíritos o foi antes do mundo físico*. Essa opinião está baseada sobre os dois textos seguintes:
> 1. Sobre as palavras do historiador sagrado: *No começo, Deus criou o céu e a terra.*[32] Sob o nome de

[32] Gênesis, I. 1.

céu é preciso entender os Espíritos.

2. Sobre as palavras de Deus a Jó: *Quando os astros foram criados, todos os meus anjos me louvaram com sua voz retumbante.*[33] Portanto, reconhecem-se aqui os anjos como já existindo e louvando a Deus no quarto dia, quando foram criadas as estrelas; o que quer dizer que se os supõe criados anteriormente.

Tais são os textos do Antigo e do Novo Testamento de acordo com os quais os teólogos estabeleceram o dogma da criação dos anjos antes de tudo o que é visível, e o dogma da criação da alma humana ao mesmo tempo em que seu corpo; e este necessariamente conduziu à conclusão de que os anjos são uma criação distinta das almas humanas. Mas, estabelecendo esse dogma, eles esquecem suas próprias palavras, de que a Igreja reconhece como verdadeira, não somente a criação dos anjos por Deus anteriormente a tudo, mas também *a criação do mundo dos Espíritos em geral, anterior* à *do mundo material*. Desde então, pode-se lhes perguntar: a qual mundo eles relacionam a alma humana? Para ser lógico, em afirmando que a alma é criada ao mesmo tempo em que o corpo, isto é, após a criação do mundo espiritual, seria preciso relacioná-la ao mundo material; mas, em relacionando-a ao mundo espiritual, deve-se reconhecer que ela não é criada com o corpo, mas anteriormente.

Examinemos essa dedução de nossos teólogos, e vejamos se ela concorda com as outras verdades da doutrina cristã, se é digna de Deus, se é conforme às suas perfeições, e se é útil à moral do homem, assim como o exige a verdadeira teologia.[34]

Vejamos, antes de tudo, o que significa a palavra: anjo.

O nome anjo[35] (enviado, mensageiro), segundo a expressão dos antigos Pais da Igreja, é o nome de uma função, e não o de sua natureza ou essência. Nas santas Escrituras, ele é dado a diferentes enviados de Jeová, tendo anunciado ou anunciando sua vontade. Assim, no Antigo Testamento, ele é atribuído ao Messias mesmo, que, entretanto, não

[33] Jó, XXXVIII, 7. Este texto é traduzido da Bíblia eslava.

[34] Macário, Teologia dogmática, tomo I, p. 19, artigo 13.

[35] Passim, p. 289.

é chamado simplesmente anjo, mas o anjo da aliança;[36] a Moisés[37] e a outros profetas;[38] aos sacerdotes,[39] mesmo às coisas inanimadas executando a palavra de Deus;[40] e, no Novo Testamento, ao precursor de nosso Salvador, aos seus discípulos, aos discípulos do precursor e aos servidores da Igreja.[41] Mas, no sentido próprio e estrito da palavra, dá-se o nome de anjo, nas santas Escrituras, aos seres de uma ordem particular, distintos de Deus e do homem, seres espirituais, reais, e não imaginários.

"Queres conhecer, diz o bem-aventurado Santo Agostinho, o nome de sua natureza (do anjo)? É um Espírito. Queres conhecer sua função? É um anjo. Por sua natureza, é um Espírito, e por sua função, um anjo."

Se a própria Igreja ortodoxa reconhece que o nome de anjo é o nome de uma função e não o de sua natureza, porque então diz ela que o anjo é uma criação diferente da alma humana? O anjo, tão bem como a alma humana, por sua natureza é Espírito; a própria Igreja é dessa opinião: portanto, sua criação deve ser idêntica. Deus criou o Espírito e o dotou de um desejo irresistível de se aperfeiçoar; à medida que o Espírito se aperfeiçoa, ele atravessa, em suas diferentes existências corporais, todos os graus da hierarquia espiritual desde o estado da alma humana até a perfeição ou estado de anjo. Por isso, não há nenhuma razão para supor que o Espírito do anjo seja uma criação distinta da alma humana; é um mesmo Espírito, com esta só diferença, de que um não está ainda aperfeiçoado, e que o outro já atingiu um certo grau de perfeição.

Se se admite que o Espírito do anjo seja efetivamente uma criação à parte da alma humana, disso decorrem contradições insolúveis.

1. Os anjos, sendo criados seres superiores, pois se man-

[36] Malaquias, III, 1.
[37] Números, XX, 16.
[38] Ageu, I, 13; Isaías, XXXIII, 7.
[39] Malaquias, II, 7.
[40] Salmos, LXXVIII, 49.
[41] Mat., XI, 10; Lucas, IX, 52; VII, 24; de acordo com o texto original, Apocalipse, I, 20; II, 1.

têm diante do trono do Todo-Poderoso e executam sua vontade, gozam da imensa felicidade de receber suas ordens diretamente dele; devem ser, consequentemente, de uma natureza superior à da alma humana, e, entretanto, acontece tudo ao contrário: 1. o homem é criado à imagem de Deus, isso está claramente expresso nos dois Testamentos;[42] quanto aos anjos, as santas Escrituras não dizem nada de semelhante;[43] 2. Deus, encarnando-se em um homem, colocou, por aí, o gênero humano acima de todas as outras criaturas, e, por conseguinte, acima dos anjos.

2. Como conciliar com a justiça de Deus a desigualdade dos privilégios que ele repartiu sobre seus filhos? Pois, assim como os Espíritos-anjos, os Espíritos-almas humanas são igualmente os filhos de um só e mesmo Pai celeste: *e é este Espírito mesmo que dá testemunho ao nosso Espírito de que nós somos filhos de Deus.*[44] A uns, ele teria dado a felicidade sem nenhum mérito de sua parte, e aos outros, para atingir essa felicidade, ele teria dado rudes provas a suportar, e mesmo, podemos dizê-lo, deveres impossíveis de cumprir. É exatamente como faria um homem que, tendo grandes riquezas, tê-las-ia partilhado em duas partes, e teria dito a seus filhos, a uns: Permanecei perto de mim, aproveitai de meu amor paternal, eu vos dou uma parte de minhas grandes riquezas, disponde-a a vosso grado e a desfrutai, e não vos dou nenhum dever a cumprir; não tendes necessidade nem de trabalho, nem de labor, nem de ciência; e aos outros: Eu vos destino a outra parte de meus imensos bens, mas deles não aproveitareis antes que disso vos torneis dignos por vossos méritos; é por isso que eu vos bani para longe de mim e vos coloquei, vós, nos desertos e nas florestas entre os selvagens, e vós, entre os povos civilizados; tentai aí vos proporcionar vossa nutrição com o suor de vossa fronte; trabalhai, cultivai vossa inteligência e vosso coração, aprendei todas as ciências, fortalecei em vós todas as virtudes e sede plenamente morais; eu vos dou um ano para adquirir tudo isso. Após um ano, eu vos chamarei a todos para perto de mim, e aquele de vós que tiver

[42] Gênesis, I, 26, 27; V, 1; IX, 6; e as epístolas do Ap. Tiago, III, 9.
[43] Macário, Teologia dogmática, tomo I, p. 302.
[44] Rom., VIII, 16.

cumprido todas essas condições receberá a parte de minhas riquezas incalculáveis que eu lhe destino, e desfrutará de todas as felicidades; mas aquele que não as tiver cumprido será privado de sua parte de minhas riquezas, será punido da mais cruel maneira, será expulso de minha presença por toda a sua vida, sofrerá todas as torturas e todas as privações, e eu não lhe darei nenhum socorro. Que diríeis de um tal pai? Que é um monstro e não um pai. Eis sob quais traços nos é representado Deus pelo dogma que nos mostra a criação dos anjos diferente das almas humanas. E, entretanto, esse dogma, como vimos acima, não tem nenhum fundamento sólido; por conseguinte, a dedução dos teólogos não é conforme às outras verdades da doutrina cristã, como acabamos de demonstrá-lo, e, além disso, não é digna de Deus; é incompatível com suas perfeições, e nociva para a moral, em nos fazendo duvidar da bondade e da justiça de Deus, e, por aí, de sua existência mesma.

Para fazer desaparecer essas incompatibilidades e conciliar essas ideias contraditórias, admiti que Deus criou todos os Espíritos iguais, simples e ignorantes, isto é, sem ciência; que lhes deu deveres com o objetivo de esclarecê-los e de fazê-los chegar progressivamente à perfeição pelo conhecimento da verdade e para aproximá-los dele. Admiti também que os Espíritos adquirem conhecimentos e se fortalecem nos sentimentos morais em passando pelas provas da existência corporal. Mas não basta ao Espírito uma única existência para atingir a perfeição, pois nosso Salvador disse: *Em verdade, em verdade eu vos digo, ninguém pode ver o reino de Deus se não nasce de novo*;[45] e Jó: *Quando o homem está morto, ele vive sempre; terminando os dias de minha existência terrestre, eu esperarei, pois a ela retornarei de novo.*[46] *E, depois, tu me chamarás e eu te obedecerei.* Por isso, Deus, em sua misericórdia, permite ao Espírito realizar isso tanto quanto for preciso para se aperfeiçoar. O pai bom e caridoso, exigindo de um Espírito que ele se aperfeiçoe, dá-lhe todos os meios de fazê-lo; mas, como todos os Espíritos têm seu livre arbítrio, eles chegam mais ou menos depressa a este objetivo, segundo a rota que tomem, e, após terem adquirido um certo grau

[45] João, III, 3.
[46] Jó, XIV, 7, 15. Este texto é traduzido da Bíblia eslava.

de perfeição, tornam-se anjos, mensageiros e executores da vontade de Deus. Admiti, enfim, que cada Espírito termina absolutamente por se aperfeiçoar.

Então as contradições desaparecem; os anjos, embora sendo da mesma natureza que as almas humanas, visto que são os mesmos Espíritos, encontram-se, na hierarquia espiritual, pela perfeição que adquiriram, acima das almas humanas, e dessa maneira tudo se concilia com a bondade e a misericórdia de Deus.

A identidade do Espírito dos anjos e da alma humana decorre da interpretação mesma dada pelos Pais da Igreja a propósito desse homem que, *tendo cem ovelhas e tendo perdido uma, deixa as noventa e nove outras no deserto para ir após aquela que se perdeu, até que a encontra.*[47]

Os Pais da Igreja, diz Macário, para explicar o grande número de anjos, aproveitaram essa parábola, e a interpretaram desta maneira: Essa ovelha desgarrada, diziam eles, representa o gênero humano, e as noventa e nove outras, a multidão dos anjos do céu.[48]

Arcebispo Antônio (Yakov Gavrilovich Amphiteatrov, 1815-1878), Pai da Igreja e teólogo russo. Doutor em Teologia, Reitor da Academia Teológica de Kiev, Arcebispo de Kazan e Sviájsk. Autor, entre outras obras, da *Teologia Dogmática da Igreja Católica Ortodoxa Oriental* (1849).

Mas, uma vez que a ovelha desgarrada fazia parte do rebanho composto de cem ovelhas, ela devia ser da mesma natureza que as noventa e nove outras. Do momento em que ela representa a humanidade e que as outras representam os anjos, disso resulta que as almas humanas são da mesma natureza ou da mesma criação que os anjos. Uma ovelha retornada às noventa e nove outras formará com elas um rebanho idêntico. Da mesma forma que as almas humanas, em se depurando, atingirão o estado dos anjos e não formarão com eles, por assim dizer, senão uma família. Segue-se

[47] Mat., XVIII, 12.
[48] Macário, Teologia dogmática, tomo I, p. 302.

daí que os anjos não são criados tais, mas que seu estado se adquire pelo aperfeiçoamento, e que os anjos não são senão as almas humanas chegadas à perfeição.

Eis ainda um outro argumento que fazem valer os Pais da Igreja, para provar que os anjos são uma criação à parte das almas humanas:[49]

> A Igreja ortodoxa sempre reconheceu que os diferentes títulos dos anjos não são uma aquisição, mas uma criação. Essa crença, ela solenemente a exprimiu no concílio ecumênico, quando condenou Orígenes por ter ensinado que os anjos, por sua natureza e seu poder, são iguais entre si, e que no começo eles não foram divididos por classes, mas que vieram a sê-lo mais tarde quando muitos dentre eles decaíram (*Concil. œcum. V, contra Origen., can.* II e *can.* XIV).

Esse erro de Orígenes foi condenado bem antes dessa época, notadamente no ano 400, por São Teófilo de Alexandria, em seu concílio particular. Eis como ele o expõe:

> Orígenes pensa que os Principados, as Potestades, as Virtudes, os Tronos e as Dominações não foram criados tais desde a origem; mas que após sua criação eles foram honrados com certos privilégios, e receberam esses nomes quando outros entre seus semelhantes caíram por sua própria negligência; de sorte que não foi Deus que os fez Principados e Potestades, mas que os pecados dos outros foram a causa de sua glória.

Para refutar esse erro, ele se apóia sobre as palavras do Apóstolo, Col. 1:16, e faz notar que, se Orígenes tivesse compreendido todo o alcance das palavras: *Pois tudo foi criado por ele no céu e sobre a terra, as coisas visíveis e as invisíveis, sejam os Tronos, sejam as Dominações, sejam os Principados, sejam as Potestades*, teria sabido que eles eram criados tais desde a origem, e que não era a negligência e o decaimento dos outros que tinha dado lugar ao Todo-Poderoso de nomeá-los Principados, Potestades e Virtudes (*Paschal., lib.* II).

[49] Passim, p. 304.

Eis sobre o que os Pais da Igreja apóiam sua opinião de que os Anjos são criados, uns, Anjos, outros, Arcanjos, os terceiros, Altares, os quartos, Dominações etc. Mas essa base, segundo nós, é bem frágil. Estamos perfeitamente de acordo com São Teófilo, em que não é a negligência nem a queda dos outros que deu lugar a Deus de qualificá-los de Principados, de Potestades e de Virtudes, e que não são, tampouco, os pecados dos outros que serviram à sua glória, uma vez que as faltas de uns não podem contribuir para a glória de outros; mas nós pensamos que suas próprias tendências, assim como seus próprios méritos, foram a causa de sua elevação, que os Espíritos ou almas humanas adquirem, em passando por inumeráveis existências corporais, a experiência, o saber, que se depuram pouco a pouco de seus vícios e de seus defeitos, que se fortalecem nas virtudes, e chegam, enfim, ao estado de anjos, isto é, ao estado em que não têm mais necessidade das provas da existência corporal para se elevar mais. Após o que, continuando sua progressão no estado de Espírito, eles chegam gradualmente a todos os graus da hierarquia espiritual, a saber: Arcanjos, Principados, Dominações, Potestades, Virtudes, Altares, Querubins, Serafins, e assim por diante, até o infinito. Mas nos é impossível convir com São Teófilo em que as palavras do Apóstolo, citadas mais acima, possam provar que a classificação dos anjos tenha sido uma criação e não uma recompensa, porque isso faria uma nova criação na obra de Deus, e cada classe formaria uma obra isolada na criação, e o Apóstolo teria podido dizer igualmente, sem alterar a verdade, que Deus criou os laicos, os pastores da Igreja, os sacerdotes, os arcebispos etc., sem fazer entender, por isso, que cada um de nós nasceu laico, sacerdote ou arcebispo. Essa desigualdade seria uma injustiça da parte de Deus; cada um deve buscar chegar ao estado superior por seus esforços, seus méritos e seus serviços. Vemos frequentemente, é verdade, sobre a terra, os maus acima dos bons, mas isto provém da injustiça dos homens, o que é natural, os homens sendo fracos ou imperfeitos; mas supor a injustiça no Ser supremo, justo por excelência, clementíssimo e perfeito, seria não somente absurdo, mas seria uma blasfêmia, uma impiedade.

Perguntar-se-á, talvez, uma vez que os anjos se aperfeiçoam no estado de Espírito, onde está a necessidade para a alma humana de se reencarnar muitas vezes no corpo humano? Não poderia ela, após ter terminado sua primeira existência corporal, continuar a progredir no estado de Espírito? Esclareçamos nosso pensamento por uma comparação. Para passar de uma classe inferior a uma classe superior, o escolar deve não somente assistir ao curso que aí se ensina, mas ainda se apropriar dele, é só então que ele pode passar com proveito para as classes superiores; no caso contrário, ele deverá permanecer na mesma classe, e recomeçar o mesmo curso, duas, três, quatro vezes, numa palavra, enquanto não tiver aprendido as ciências que aí se ensinam. Dá-se o mesmo com a progressão de um Espírito, ele deve passar por tantas existências corporais quanto lhe seja preciso para atingir o grau de perfeição acessível sobre a terra; para isso, é-lhe indispensável suportar a prova de todas as condições, adquirir todos os conhecimentos humanos, vencer todas as fraquezas, desenraizar em si todos os vícios e resgatar todas as más ações. Para realizar essas coisas, não apenas uma única existência não basta, mas centenas são, talvez, insuficientes.

Após ter demonstrado as contradições que nascem do dogma da criação das almas humanas separadamente dos anjos, consideremos a opinião dos Pais da Igreja a propósito da criação da alma ao mesmo tempo em que o corpo, e vejamos se ela satisfaz à lógica e se pode ser aplicada aos acidentes da vida.

Podem-se dividir em duas categorias os sofrimentos e as infelicidades aos quais o homem está sujeito. Uns provêm de sua própria falta, de seus excessos, de sua imprevidência, de sua imprudência, de seu orgulho, de sua ambição etc. Não nos deteremos nesses sofrimentos; sua causa é evidente; mas há outros infortúnios, totalmente independentes da vontade do homem, que parecem persegui-lo como uma fatalidade, sem que haja falta sua. Tomemos para exemplo uma criança nascida doente, que, após ter sofrido alguns anos, morre sem ter tido o tempo de fazer nem bem nem mal. Como se explicaria a causa desses sofrimentos, se se admite que sua alma foi criada ao mesmo tempo em que seu corpo? Não seria uma enorme injustiça da parte do Criador? Por que teria ela merecido um semelhante castigo?

Se alguém nos objeta que a criança expiava o pecado original, com o qual nasce toda alma, nós lhe perguntaremos por que essa criança sofria mais que outras. E, aliás, se se admite a hipótese da criação da alma ao mesmo tempo em que o corpo, os sofrimentos pelo pecado original seriam ainda uma absurdidade. É absolutamente como se se supusesse que um Turco no Cairo, tendo seduzido uma odalisca, eu, em São Petersburgo, devesse expiar sua falta. Seria lógico? É por isso que o pecado original não explicaria nada nessa circunstância: seria interpretar uma injustiça por uma outra injustiça; e depois, como conciliar o dogma do pecado original com as palavras do Deuteronômio: *Não se fará morrer os pais pelos filhos, nem os filhos pelos pais; mas cada um morrerá por seu pecado*;[50] e com as palavras do apóstolo Paulo: *Assim, cada um de nós prestará contas a Deus de si mesmo*?[51] Assim, a causa dos sofrimentos da criança não está no pecado original, e, entretanto, a causa deve absolutamente existir, pois sabemos que não há efeitos sem causa. Reconhecendo que Deus é justo, sabemos que a própria causa deve também ser justa. Entretanto, onde está ela? Onde procurá-la? Se não a encontramos na vida atual da criança, e como a causa deve preceder o efeito, é preciso que a procuremos antes. Ora, tomando em consideração que a alma não pôde pecar antes de ter sido criada, devemos necessariamente admitir que ela deve ter vivido e agido anteriormente; disso resulta esta conclusão, muito lógica, de que a alma não é criada ao mesmo tempo em que o corpo. O Espiritismo nos dá sobre isto uma explicação que não contraria em nada a lógica mais rigorosa, e que concilia ao mesmo tempo esses sofrimentos da criança com a perfeita justiça de Deus. O Espírito viveu e pecou, e ele resgata em sua vida atual as faltas cometidas nas existências precedentes. Desde então, compreende-se o sentido do pecado original, de que falaremos na sequência, e assim se justificam as palavras do Salmista: *Pois sabeis que eu fui formado na iniquidade;*

[50] Deuteronômio, XXIV, 16.
[51] Rom., XIV, 12.

e que minha mãe me concebeu no pecado;[52] pois nós todos sobre a terra nascemos carregados de pecados cometidos por nosso próprio Espírito em suas existências anteriores, e dos quais ainda não teve o tempo de se purificar. Essa explicação serve de prova evidente da pluralidade das existências corporais do Espírito.

Quanto à criação das almas humanas, devemos ainda fazer observar uma coisa. Se a alma, segundo os Doutores da Igreja, é criada com o corpo, por que eles admitem então uma exceção em favor das duas testemunhas referidas no Apocalipse,[53] e para o Anticristo? Supondo que estas testemunhas sejam Enoque e Elias, o Tesbita, eles admitem, portanto, que as almas destas testemunhas não serão criadas ao mesmo tempo em que o corpo; mas que o Espírito de Enoque e o de Elias se encarnarão nestes corpos; no corpo do Anticristo, dizem eles, encarnar-se-á o próprio Satã, de sorte que a alma do Anticristo não será criada ao mesmo tempo em que o corpo.

No que concerne à época da criação dos Espíritos, os próprios Doutores da Igreja dizem que nada é dito de positivo nos dois Testamentos; assim, todos os raciocínios a esse respeito não são senão vãs suposições dos homens, que podem ser verdadeiras tão bem como falsas. E depois, não se deve tomar tudo à letra. Aceitando literalmente estas palavras: *ele repousou no sétimo dia, após ter acabado todas as suas obras*,[54] Macário, em sua *Teologia dogmática*, página 297, está em contradição direta com as palavras de Jesus Cristo. Macário diz: "e, por conseguinte, (Deus, após a criação do homem) não cria mais ninguém"; e nosso Salvador: *Meu Pai não cessa de agir até o presente, e eu ajo também incessantemente*.[55] Podem-se concluir destas outras palavras: *ele derramou sobre seu rosto um sopro de vida*,[56] que é ou a criação de uma alma humana, ou a encarnação de um Espírito criado antes do corpo. Se se admite a primeira proposição, isso significa que a alma foi criada após o corpo, o que concordaria com o ensinamento ortodoxo e com São Teodoreto, mas não estaria

[52] Salmos, LI, 5.
[53] Apocalipse, XI, 3-12.
[54] Gênesis, II, 2.
[55] João, V, 17.
[56] Gênesis, II, 7.

de acordo nem com a tese do quinto concílio ecumênico, que diz que *a alma é criada com o corpo*, nem com a opinião da Igreja, que reconhece por verdadeiro não somente a criação dos anjos por Deus antes de tudo, *mas em geral a do mundo espiritual antes do mundo material*, nem mesmo com as palavras de São João Damasceno, que diz: *Era conveniente criar no começo a substância inteligente* (os anjos), *e depois a substância material, e formar em seguida o homem dessas duas substâncias.*[57] Essas palavras de Damasceno mostram que o Espírito ou o anjo é criado anteriormente e o corpo depois, e que em seguida o homem foi formado dessas duas substâncias reunidas; assim, estas palavras: *ele derramou sobre seu rosto um sopro de vida*, exprimem antes a encarnação, num corpo humano, de um Espírito ou de um anjo, criado anteriormente, do que a criação de uma alma; tanto mais que a preexistência da alma está claramente expressa nestas palavras de Deus a Jeremias: *Eu te conheci antes que eu tivesse te formado nas entranhas de tua mãe: eu te santifiquei antes que saísses de seu seio; e eu te estabeleci profeta entre as nações.*[58] Essas palavras provam que o Espírito encarnado em Jeremias foi anteriormente conhecido de Deus, e, uma vez que *o foi, é que já tinha vivido*, e, como Deus o conhecia, destinara-o antes de seu nascimento mesmo, isto é, antes de sua encarnação, à missão de profeta.

E como essas palavras e muitas outras que se encontram nas santas Escrituras não explicam o momento da criação dos Espíritos, o relato único de Moisés da criação do mundo (ver no fim da obra o artigo sobre a criação do mundo) nos faz supor que os Espíritos não são criados de um só golpe, mas gradualmente. Limitemo-nos, portanto, a dizer que a origem dos Espíritos nos é desconhecida, mas que o Espírito é sempre criado antes de seu corpo; que o homem é formado de um corpo e do Espírito que aí está encarnado, e que é criado bem antes que esse corpo seja concebido. Podemos tirar essa conclusão de sua analogia com a encarnação de J. C. Podemos afirmar que a alma dele foi criada ao mesmo tempo em que seu corpo, ou logo após a formação desse corpo? Não. Da

[57] João Damasceno, Exposição da fé, liv. II, cap. III.
[58] Jeremias, I, 5.

mesma forma, a alma de cada homem não é criada nem ao mesmo tempo em que o corpo, nem após sua formação, mas bem anteriormente, e não faz senão se encarnar nele; pois a encarnação de J. C. é o protótipo da origem do homem. Seu corpo se formou durante nove meses no seio de sua mãe, após o que ele veio ao mundo já animado pelo Espírito; dá-se assim com o corpo de cada homem. Após nove meses de formação no seio de sua mãe, ele entra na vida, animado por um Espírito criado e existente anteriormente a esse corpo. E, enfim, a criação dos Espíritos continua sempre, assim como o vemos de acordo com as palavras de nosso Salvador: *Meu Pai não cessa de agir até o presente, e eu ajo também incessantemente*, e por aí se explica a desigualdade evidente que existe no progresso dos Espíritos. Uns já atingiram o estado dos anjos, outros não chegaram senão ao meio da escala, ou estão ainda detidos nos últimos escalões.

Querendo, a toda força, explicar o que nos está escondido, vede em quais contradições caem, sem disso duvidar, os Doutores da Igreja.

O quinto concílio ecumênico afirma que a alma é criada ao mesmo tempo em que o corpo.

O ensinamento ortodoxo e São Teodoreto dizem que a alma é criada após a formação do corpo; entretanto, a Igreja crê que o mundo espiritual, em geral, é criado antes do mundo material; a alma humana, por conseguinte, deve ser considerada como sendo criada antes do corpo, ou como pertencente ao mundo material, enquanto que essa mesma Igreja a aceita como Espírito.

São João Damasceno diz: Era conveniente criar no começo a substância inteligente, e depois a substância material, formar em seguida o homem dessas duas substâncias; disso resulta que a alma humana deve ser criada antes do corpo, e, entretanto, ele próprio afirma que a alma humana é criada ao mesmo tempo em que o corpo.

Depois disso, não há nada de espantoso em que haja tantos incrédulos e tão poucos verdadeiros crentes. Entre os servidores mesmos da Igreja, vós encontrais frequentemente uma fé degenerando em superstição, e, daí, ideias que concordam mal com a doutrina de Nosso Senhor J. C., que é todo amor, que não admite a perseguição de seus irmãos sob nenhum pretexto. Tudo isso provém das falsas interpretações de nossos dogmas; os Doutores da Igreja não se dão ao trabalho de conciliar entre si as verdades cristãs; eles avançam como uma verdade imutável que a alma é criada ao mesmo tempo em que o corpo, que a alma é criada antes do corpo, que a alma é criada após o corpo, e exigem que nós creiamos nisso. Mas em que, então, devemos crer? Seria nessas três proposições de uma vez? Mas isso é impossível, malgrado a fé mais forte; ora, se de três verdades se aceita uma, a lógica exige que as duas outras cessem de ser verdadeiras; mas então por que no-las dar como tais? Admitir essas contradições é dar prova de obediência servil, e essa fé, que não pode ser qualificada de outro modo, vem aparentemente da decisão definitiva dos Pais do sexto concílio ecumênico, assim concebida:

> Qualquer um que não compreenda e não aceite os dogmas da religião, e que não somente pense e ensine de outra forma, mas tente desobedecê-los, que este seja anátema, de acordo com a decisão estabelecida pelos santos e bem-aventurados Pais, e que ele seja banido da sociedade dos Cristãos como lhe sendo estranho. Pois nós, segundo o que foi determinado antes, temos absolutamente decidido que a isto não seja nada acrescentado, nem nada retirado de nenhuma maneira (artigo 1°).

Dessa decisão do concílio ecumênico, resulta que os fundadores da doutrina ortodoxa, assim como São Teodoreto, são atingidos de anátema, porque uns como o outro, malgrado a decisão do quinto concílio ecumênico, ensinam que a alma é criada após a formação do corpo; os representantes da Igreja são atingidos de anátema, uma vez que, segundo eles, a Igreja admite como verdadeira a criação do mundo espiritual, em geral, antes do mundo material, o que implica que a alma humana também é criada antes do corpo. São João Damasceno permanece suspeito, uma vez que ele diz, de uma parte, que a substância espiritual foi criada primeiro, que a substância material o foi em seguida, e que, enfim, o homem foi formado dessas duas substâncias; nisso ele cai sob o anátema; e por estas palavras contrárias ao que tinha dito antes, de que a alma e o corpo foram criados juntos, não se expõe.

Essa decisão presunçosa dos Pais, incompatível com o sentido da coisa, provém de que nossos Doutores se dão por infalíveis. Por que o são? Porque se consideram como a própria Igreja. A Igreja é infalível, disso não duvidamos; mas, que os Pais que tomam sobre si o dever de representá-la o sejam, é uma coisa à qual nenhum homem sensato consentirá em crer; não há senão os homens cegados por seu orgulho que possam afirmá-lo; pois de todos os homens um só foi infalível, este foi o Homem-Deus, nosso Salvador Jesus Cristo.

Talvez se nos repliquem que os Pais da Igreja não usurparam o direito de representar a Igreja, mas que esse direito lhes é dado por Deus e é santificado por sua graça; mas não foi o próprio J. C. que pôs Judas no número de seus doze discípulos? E sua bênção não se derramou sobre ele tanto quanto sobre os outros? Mas como Judas agiu? Tudo isso o impediu de se tornar traidor? Não; pois Deus não embaraça jamais em nada o livre arbítrio do homem. Dá-se assim com nossos Pais da Igreja; eles estão encarregados do dever sagrado e sublime de dirigir moralmente seu rebanho; mas seu livre arbítrio não é entravado; depende deles mesmos o bem cumprir esse dever ou disso abusar.

Nossos Doutores perguntam ainda por quem se fazem e foram feitas a definição e a interpretação dos dogmas, e respondem que foram feitas pela Igreja, a qual é continuamente inspirada pelo Santo Espírito que a preserva de todos os erros.[59]

Decerto, é incontestável que o Santo Espírito vem em ajuda aos humildes e aos que reconhecem a fraqueza do espírito humano; mas os humildes e os que reconhecem a fraqueza do espírito humano podem ter uma semelhante linguagem? Estudai a decisão do sexto concílio ecumênico, cada uma de suas frases respira o orgulho, a presunção e a suficiência; mas Deus ou o Santo Espírito não assiste o orgulhoso. Deus não entrava o livre arbítrio do homem, e lhe deixa a liberdade de seguir o

[59] Macário, Teologia dogmática, tomo I, p. 11.

caminho do erro ou o da verdade. Nosso Salvador J. C. tinha previsto este obscurecimento do espírito pelo orgulho, foi por isso que ele disse: "*Infelizes de vós, doutores da lei, que vos apoderastes da chave da ciência, e que, não tendo entrado vós mesmos, ainda a fechastes àqueles que queriam entrar!*"[60]

Passemos agora à queda dos Espíritos.

Os Doutores da Igreja, explicando este fato de que alguns Espíritos caíram por não terem perseverado na verdade, i. é., no bem, fizeram o dogma da crença nos demônios, baseando-o sobre o que segue: J. C., desmascarando os Judeus em sua impiedade, diz-lhes: *Vós sois os filhos do diabo, e quereis realizar os desejos de vosso pai. Ele foi homicida desde o começo, e não mora na verdade.*[61] O Apóstolo Pedro diz que *Deus não poupou os Anjos que pecaram, mas os precipitou no abismo onde as trevas lhes servem de cadeias, para serem atormentados, e mantidos como em reserva até o julgamento*;[62] e o Apóstolo Judas, que *Deus retém ligados em cadeias eternas em profundas trevas e reserva para o julgamento do grande dia os anjos que não conservaram sua primeira dignidade, mas que deixaram sua própria morada.*[63]

Os Doutores cristãos, tendo assim estabelecido o dogma da queda dos anjos, buscaram ao mesmo tempo, para explicá-lo, resolver certas questões que se relacionavam às circunstâncias dessa queda, embora dando suas respostas como opiniões pessoais. Eis quais são estas questões:

1. Eles caíram logo após sua criação?

Alguns pensam que sim, e mesmo logo após terem sido criados; outros, ao contrário, afirmam que os Espíritos decaídos permaneceram assaz longo tempo no estado bem-aventurado.

2. Os maus Espíritos caíram todos de uma vez?

Não, respondem de ordinário os Doutores da Igreja. O chefe caiu primeiro, e arrastou após si todos os outros. Esse chefe, segundo a opinião de muitos,

---

[60] Lucas, XI, 52.
[61] João, VIII, 44.
[62] II Pedro, II, 4.
[63] Judas, I, 6.

foi antes de sua queda o primeiro e o mais perfeito entre todos os Espíritos criados; e, segundo outros, ele pertencia, pelo menos, ao número dos melhores.

Nota. – Os Pais da Igreja representam aqui Satã como um Paxá que se separou do Sultão. Mas sobre o que essa opinião está baseada? Donde eles tomam, de início, que foi um só, o chefe, que caiu primeiro? Nada nas santas Escrituras no-lo faz suspeitar, nem que esse chefe fosse superior a todos os Espíritos criados. Enfim, em tomando esse chefe pelo Espírito mais perfeito, que ideia eles fazem de Deus? E sob que aspecto eles nos apresentam esse Ser clementíssimo e sapientíssimo? Se a mais perfeita de suas criaturas pôde se tornar um demônio, que preço podemos fixar ao resto de sua criação que, segundo as palavras dos Pais da Igreja, é menos perfeita? Só esta consideração já deveria fazer compreender aos Pais da Igreja a necessidade de aniquilar sua própria criação – o diabo.

3. Que pecado foi causa da queda dos Espíritos?
Houve, acerca disso, três opiniões diferentes.
Uns supuseram que o pecado dos anjos tinha consistido em suas ligações desnaturadas com as filhas dos homens, baseando-se sobre as palavras do Historiador sagrado: *Os filhos de Deus, vendo que as filhas dos homens eram belas, tomaram por suas mulheres aquelas dentre elas que lhes aprouveram*.[64]
De acordo com a segunda opinião, foi a inveja: *Mas a morte entrou no mundo pela inveja do diabo*.[65]
A terceira opinião é que o diabo, que arrastou após si todos os Espíritos maus, caiu em consequência do orgulho: *Para evitar que, elevando-se de orgulho, caia na mesma condenação que o diabo*.[66]

Nota. – A primeira dessas três opiniões é de tal modo absurda que mal convém que dela se fale; mas ela é importante como prova evidente de que os próprios Pais da Igreja, malgrado sua segurança em sua infalibilidade, não estão isentos dos mais grosseiros erros.

[64] Gênesis, VI, 2.
[65] Sabedoria, II, 24.
[66] I Tim., III, 6.

Em que, continuam os Pais da Igreja, consistiu, então, esse orgulho do Espírito decaído que foi seu primeiro pecado? A este respeito, as opiniões diferem. Alguns, fundando-se sobre as palavras de Isaías,[67] supuseram que o demônio se acreditou igual a Deus e mesmo acima dele: é o que fez dele um inimigo de Deus que se elevará acima de tudo o que é chamado Deus, *ou que é adorado*.[68] Outros supuseram que Lúcifer não quis se inclinar diante do Filho de Deus, e que se tornou ciumento de suas perfeições, ou bem, que tendo visto nas revelações que um dia o Filho de Deus devia sofrer, duvidou de sua Divindade e não quis reconhecê-lo por Deus.

4. Até que grau os Espíritos maus caíram?

Eles caíram tão baixo que não poderão jamais se reerguer, respondem ordinariamente os Doutores da Igreja. E a palavra de Deus testemunha *que os retêm ligados em cadeias eternas em profundas trevas, e os reserva para o julgamento do grande dia*,[69] e que eles irão *ao fogo eterno*.[70] – Por que eles não podem se arrepender? Porque, tendo sido Espíritos puros, livres de todo corpo material, e, por conseguinte, inacessíveis às seduções da matéria, se eles caíram, foi unicamente por sua própria vontade raciocinada, e por uma pura tendência ao mal; e além disso, eles caíram justamente por uma revolta insolente, obstinada e furiosa.

5. Deus lhes deu tempo para se arrependerem, ou bem os condenou logo após sua queda?

Muitos exprimiram o pensamento de que ele o deu, e que só depois que os Espíritos maus recusaram aproveitar a clemência de Deus é que eles foram precipitados do céu; assim, eles caíram por falta sua. Essa queda é para eles uma verdadeira morte, após a qual não há mais lugar para seu arrependimento; é exatamente como para nós mesmos, após nossa morte corporal. Pois, se Esaú, por ter cedido seu direito de primogenitura, não pôde encontrar nenhum meio de se arrepender, poder-se-á encon-

[67] Isaías, XIV, 13, 14.
[68] II Tess., II, 4.
[69] Judas, 6.
[70] Mat., XXV, 41.

trar um para aquele que matou o primeiro homem criado, e fez por ele entrar a morte no mundo?[71]

Eis o dogma dos Espíritos maus, exposto por Macário, e as bases sobre as quais está fundado.

Dessa exposição e dos textos citados, pode-se tirar uma só conclusão justa: é que os Espíritos maus não foram criados tais, e que eles caíram por sua própria vontade. O resto não é senão uma consideração que pode ser verdadeira tanto quanto falsa. Macário mesmo diz que os Pais da Igreja apresentam suas respostas a essas questões como opiniões pessoais; que o dogma do julgamento prévio e o da queda dos Espíritos maus não são definidos de uma maneira precisa. Por exemplo, a Igreja nos ensina que após a morte cada homem é submetido ao julgamento prévio, mas não indica nem a época nem o lugar desse julgamento; ela nos ensina também que os maus Espíritos foram bons desde sua origem e caíram por si mesmos, mas quanto a saber quando, como e qual foi o número dos Espíritos decaídos, nada foi determinado.[72]

Se são opiniões individuais, é preciso examiná-las sob este ponto de vista e não introduzi-las como dogmas, nem afirmar que o demônio não se arrependerá jamais, que ele está condenado por toda a eternidade; que Satã, Belzebu etc., é o chefe dos maus Espíritos, e outras coisas semelhantes. Para que uma opinião pessoal possa ser dada por dogma, é necessário: 1. Que essa opinião esteja de acordo com as outras verdades da doutrina cristã; 2. Que ela seja conforme à dignidade de Deus, 3. às suas perfeições, e 4. Que ela concorra para a moral do homem.

Personificar o mal e fazer de Satã um ser real, assaz poderoso pra lutar com Deus, é negar os atributos de Deus, e limitar sua força apresentando-o como impotente.

A opinião de que o diabo não se arrependerá jamais, e que ele está condenado às penas eternas, contradiz a dignidade de Deus, e não está de acordo com suas perfeições. Deus teria chamado do nada à existência seres para votá-los às torturas eternas? Não seria conforme à sua bondade nem ao ob-

[71] Macário, Teologia dogmática, tomo I, § 68.
[72] Macário, Teologia dogmática, tomo I, § 4.

jetivo mesmo da criação. Por sua onisciência, ele previu que o Espírito fracassaria; mas, por sua bondade, sua sabedoria e sua onipotência, não lhe teria ele dado os meios de resgatar suas faltas, de retornar ao bem, e de trabalhar em seu aperfeiçoamento? Além disso, a Igreja considera como único motivo principal da criação a bondade infinita de Deus, e como objetivo a glória do Criador e a felicidade das criaturas.[73] Ora, admitir que o diabo não se arrependerá jamais e que está condenado aos sofrimentos eternos é dizer que o objetivo da criação não é atingido, e que Deus se enganou. Mas isso é possível? E não é uma impiedade e uma blasfêmia? E depois, essa opinião não está de acordo com as santas Escrituras; nosso Salvador disse: *Pois o Filho do homem veio salvar o que estava perdido... assim, vosso Pai, que está nos céus, não quer que um só desses pequeninos pereça.*[74] Isso prova claramente que nenhum Espírito perecerá, mas que cada um atingirá a perfeição. *Eu juro por mim mesmo*, diz o Senhor Deus, *que eu não quero a morte do ímpio, mas eu quero que o ímpio se converta, que ele deixe seu mau caminho, e que ele viva.*[75] Uma vez que Deus não quer a morte do pecador, é preciso necessariamente que cada um reconheça seu erro e se regenere, porque Deus o quer assim, e sua vontade é já uma obra; ora, do momento em que alguém se corrige, não está mais submetido ao sofrimento; portanto, nenhum Espírito sofrerá eternamente, *porque ele tem cuidado de nós*,[76] diz o Apóstolo São Pedro. Se Deus tem cuidado de um Espírito, este não pode sucumbir, e chegará infalivelmente à perfeição; por conseguinte, se essa solicitude de Deus não atinge seu objetivo, ela não concorda com sua onipotência.

Replicar-se-nos-á, talvez, que Deus, embora tendo cuidado do Espírito, não entrava, entretanto, seu livre arbítrio. A isso responderemos pelas palavras de Antônio:

> O livre arbítrio não entrava, por sua vez, os desígnios e as obras da Providência, mas, ao contrário, Deus o conduz com uma perfeita sabedoria ao cum-

[73] Macário, Teologia dogmática, tomo I, p. 283.
[74] Mat., XVIII, 11, 14.
[75] Ezequiel, XXXIII, 11.
[76] I Pedro, V, 7.

primento de seus desígnios.[77]

Como o diabo poderia permanecer eternamente mau? É possível que tais sejam os desígnios de Deus? Macário diz igualmente:

> Governando os seres morais, a Providência de Deus os conduz precisamente ao objetivo para o qual eles foram criados... Por conseguinte, o governo de Deus não entrava absolutamente a liberdade moral, mas ele a assiste em seus esforços para atingir o objetivo... ele dispõe e estabelece as circunstâncias de maneira a limitar e a diminuir a força do pecado já cometido, e a levar a bons resultados (Gênesis 50:20).[78]

– Em que consistem, então, esses resultados? É na condenação às penas eternas?

E finalmente, todas essas opiniões individuais, a respeito dos Espíritos maus, introduzidas como dogmas da Igreja, são nocivas à moral do homem, porque elas inspiram a desconfiança para com a religião, e fazem duvidar da misericórdia e da justiça de Deus, e mesmo de sua existência.

Arcebispo Antônio (Yakov Gavrilovich Amphiteatrov, 1815-1878), Pai da Igreja e teólogo russo. Doutor em Teologia, Reitor da Academia Teológica de Kiev, Arcebispo de Kazan e Sviájsk. Autor, entre outras obras, da Teologia Dogmática da Igreja Católica Ortodoxa Oriental (1849).

Demonstrando as contradições introduzidas pelos Pais da Igreja nos dogmas sobre os anjos, os Espíritos decaídos e a alma humana, tentaremos, segundo nossas forças, apresentar esses dogmas sob sua verdadeira luz, reunindo-os em um só e mesmo dogma: o dogma dos Espíritos ou o do mundo espiritual, visto que são sempre os mesmos Espíritos.

Deus criou os Espíritos inteligentes e os dotou do livre arbítrio. A época da origem dos Espíritos, assim como a das

[77] Antônio, Teologia dogmática, página 97.
[78] Macário, Teologia dogmática, tomo I, página 411.

coisas, é-nos desconhecida; mas, examinando o relato de Moisés sobre a criação do mundo (ver no fim da obra), temos lugar para pensar que Deus não criou o Espírito de um só golpe como um ser constante, racional e livre, mas que o Espírito atinge essa independência gradualmente. O princípio espiritual, criado por Deus, constitui um elemento indispensável de todo objeto material, e à medida que o princípio material, aperfeiçoando-se, atinge, enfim, o organismo do corpo humano, o princípio espiritual, aperfeiçoando-se também, atinge o estado de Espírito, de ser independente, racional e livre, dotado do sentimento moral. E o Espírito, unindo-se com o corpo humano, constitui o homem. Em sua origem, os Espíritos são inocentes como as crianças; são sem experiência e sem conhecimentos. Deus, para cumprir seus desígnios eternos, deu-lhes uma tendência irresistível a se aperfeiçoar. O Espírito, encarnando-se no corpo humano, atravessa a existência corporal, durante a qual, adquirindo a experiência e a ciência, atinge progressivamente a perfeição intelectual e moral, e por aí ajuda no aperfeiçoamento da matéria; mas como, para chegar à perfeição acessível a uma criatura, uma só existência corporal é insuficiente, Deus permitiu ao Espírito se encarnar e viver corporalmente tantas vezes quanto isso é necessário para chegar à perfeição; pois Deus, dando ao Espírito deveres, deu-lhe também todos os meios de cumpri-los. Desta maneira, o Espírito, depurando-se gradualmente, em suas existências corporais, de todos os seus defeitos, progride sempre cada vez mais; chega, enfim, à perfeição dos anjos, e continua neste estado sua progressão infinita; mas não atinge jamais a perfeição do Criador, pois a criatura não pode ser igual ao Criador. Os Espíritos que seguem a via do bem têm a suportar menos existências corporais para chegar à sua perfeição, e chegam mais depressa ao estado dos anjos; aqueles, ao contrário, que se distanciam da boa via para tomar o caminho do mal, o que depende completamente de si mesmos, avançam mais lentamente sobre a rota da perfeição, e tanto mais lentamente quanto mais eles se distanciaram do bem e quanto mais profundamente entraram na via do mal; mas, com o tempo, eles reconhecerão seu erro, e, se bem que com lentidão, não chegarão menos a se reerguer e atingirão, eles também, a perfeição; pois o objetivo da criação é a felicidade das criaturas, e nosso Salvador disse: *Assim, vosso Pai, que está nos céus, não quer que um só desses pequeninos pereça*. É a esse desvio do bom caminho que se deu, nas santas Escrituras, o nome de *queda dos Espíritos*; e esses Espíritos decaídos são maus Espíritos ou verdadeiros demônios; por conseguinte, os demônios não são seres imaginários, são seres reais que, entretanto, compreenderão um dia seu erro e se corrigirão; mas, enquanto eles permanecem insensíveis ao arrependimento, se se encontram ainda no estado de Espíritos, procurarão inspirar a discórdia entre os homens, desenvolver suas más paixões, distanciá-los da rota do bem, numa palavra, fazer-lhes todo o mal possível; e quando eles estão no estado de seres encarnados, são homens maus, crueis, inclinados a todos os vícios, gozando do mal e dos sofrimentos que fazem aguentar os outros. Mas nesses dois estados eles próprios sofrem, e é, sobretudo, no estado de Espíritos que eles experimentam as torturas mais crueis, porque então suas ideias são mais claras e suas impressões mais fortes; no estado corporal, o Espírito percebe as impressões já enfraquecidas pelos órgãos da matéria, ao passo que, no estado de Espírito, ele as recebe imediatamente por todo o seu ser; por isso, elas lhe são mais penosas.

Quanto ao seu chefe, Satã, não é um ser real, é apenas a personificação, ou uma figura alegórica do mal em seu conjunto; as palavras de Jesus Cristo a Pedro o provam: *Retira-te de mim, Satã, tu me és um motivo de escândalo, porque não tens gosto pelas coisas de Deus, mas pelas dos homens*[79]. Evidentemente Pedro não é Satã, mas por essa palavra Jesus Cristo quis designar a tentação. Dá-se o mesmo com as palavras do Juiz supremo: *Retirai-vos de mim, malditos: ide ao fogo eterno, que foi preparado para o diabo e para seus anjos*[80]. Essas palavras não mostram a realidade de um ser superior, o diabo, mas personificam o mal; é como se ele tivesse dito: Retirai-vos de mim, vós, excluídos da felicidade dos bons; ide ao fogo que foi preparado desde a eternidade para o mal e

[79] Mat., XVI, 23.
[80] Mat., XXV, 41.

para seus adeptos. A significação alegórica de Satã é ainda mais evidente na tentação de nosso Salvador. Se Satã fosse um ser real, teria a audácia de se aproximar de nosso Salvador e de tentá-lo? O Apóstolo Tiago diz: *Mas os demônios o creem também, e estremecem*[81]. Por conseguinte, sob o nome de Satã, na tentação de nosso Salvador, é preciso entender não um ser real, mas a tentação proveniente da imperfeição da matéria do corpo; não é senão a luta do Espírito com a matéria. E em geral todos estes nomes de Satã, Belzebu, Príncipe deste mundo, Tentador, Belial, Príncipe das potestades do ar, Príncipe dos demônios, devem ser compreendidos como uma representação alegórica do mal em seu conjunto.

[81] Tiago, II, 19.

Do pecado original

> Não se farão morrer os pais pelos filhos, nem os filhos pelos pais, mas cada um morrerá por seu pecado.
>
> (Deuteronômio, xxiv, 16.)

Antes de examinar o dogma do pecado de nossos pais, ou pecado original, determinemos o que são o pecado e os castigos infligidos por Deus.

O pecado é uma infração a alguma das leis eternas estabelecidas por Deus. Chama-se castigo de Deus a consequência inevitável que resulta dessa infração; por conseguinte, não é, para falar propriamente, Deus que nos pune; mas somos nós mesmos que nos punimos em nos expondo às consequências lastimáveis que devem inevitavelmente resultar para nós de nossa infração voluntária às leis eternas. É em erro que se nos representa Deus como se vingando e punindo; Deus é justo e soberanamente bom. Sua justiça se mostra em que ele fez leis iguais para todos: nem o pobre, nem o rico, nem o sábio, nem o simples, nem o bom, nem o mau, ninguém pode impunemente transgredir suas lei eternas, e cada um prova sobre si mesmo os seguimentos inevitáveis dessa transgressão. Sua bondade é demonstrada em que, ao nosso menor arrependimento, por mais baixo que tenhamos caído moralmente, ele estende sobre nós sua misericórdia; e vê-se ainda mais sua bondade infinita em que ele deixou seu

Filho suportar sofrimentos unicamente para nos mostrar por seu exemplo o mais curto caminho da salvação, e para nos evitar os males inumeráveis que, sem esse exemplo divino, nós deveríamos sofrer em uma multidão de outras existências corporais, pois não estaríamos em estado de encontrar esse caminho por nós mesmos. Numa palavra, pelo exemplo divino de Jesus Cristo, ele nos deu o meio de atingir a perfeição, e ao mesmo tempo a felicidade eterna, passando por um menor número de existências corporais. E efetivamente, aquele que se esforça por imitar esse exemplo sublime reprimirá o orgulho, a avareza, a inveja, o ódio, o egoísmo, e todas as outras paixões e defeitos mortais, e, por conseguinte, preservar-se-á de todas as penas e de todos os sofrimentos que eles engendram; terá em si menos defeitos a corrigir e chegará, assim, mais cedo à perfeição.

Deus não criou o mal: *Deus viu todas as coisas que tinha feito; e elas eram boníssimas*[82]; e não criou, tampouco, o castigo; um e outro foram produzidos pelo distanciamento do bem, isto é, pela transgressão das leis eternas. Assim, o mal é a infração à lei, e o castigo a consequência inevitável dessa infração.

Seria bem tempo para nós de restabelecer o verdadeiro sentido da palavra castigo, e de não relacioná-lo ao Ser soberanamente bom, infinitamente misericordioso.

Nos tempos antigos, do tempo de Moisés, quando a humanidade se encontrava, por assim dizer, ainda na infância, ela demandava então tais ideias; os homens eram ainda tão grosseiros, tão sensuais, tão pouco civilizados, que só o medo podia desviá-los dos atos prejudiciais; eles não estavam ainda em estado de compreender as ideias abstratas e morais; era preciso assustar os homens de então com o lobisomem, como nós assustamos no presente as crianças. Eis porque Moisés lhes representava Deus como se vingando e punindo, e não lhes falava senão da existência terrestre, de recompensas e de punições temporais. Mas quando a humanidade avançou um pouco na via do desenvolvimento intelectual, Jesus Cristo apareceu e deu aos homens um ensinamento mais elevado,

[82] Gênesis, I, 31,

baseado sobre o amor e a caridade. Ele lhes dizia: *Aprendestes que foi dito: Olho por olho, e dente por dente. E eu vos digo para não resistirdes ao mal que se quer vos fazer; mas se alguém vos bateu na face direita, apresentai-lhe ainda a outra... Aprendestes que foi dito: Amarás vosso próximo, e odiarás vosso inimigo. E eu vos digo: Amai vossos inimigos, fazei o bem àqueles que vos odeiam, e orai por aqueles que vos perseguem e que vos caluniam*[83]. Ele lhes pregava a pluralidade das existências[84], a vida além do túmulo, a imortalidade da alma, as recompensas e os castigos futuros; mas tomava suas comparações no mundo material e falava em parábolas que convinham à inteligência deles: pois toda coisa deve vir em seu tempo. É por isso que o Salvador lhes dizia: *Tenho ainda muitas coisas a vos dizer; mas vós não podeis suportá-las presentemente. Quando esse Espírito de verdade vier, ele vos ensinará toda a verdade; pois ele não falará de si mesmo; mas dirá tudo o que tiver ouvido, e vos anunciará as coisas por vir... Eu vos tenho dito essas coisas em parábolas: a hora vem na qual eu não vos falarei mais em parábolas; mas vos falarei abertamente de meu Pai*[85]. E eis vindo no presente o tempo anunciado por Jesus Cristo. A humanidade saiu da infância e da juventude; ela chegou à idade da razão, e, por conseguinte, não é mais o tempo de lhe fazer medo do lobisomem, como não era o tempo à época de Jesus Cristo de pregar ao povo: "Olho por olho, dente por dente". A humanidade está agora assaz desenvolvida para suportar em si as ideias morais. Por isso, é chegado, no presente, o tempo do cumprimento da promessa de nosso Salvador, de nos enviar o Consolador, o Espírito Santo, Espírito de verdade que, como o diz Jesus Cristo, *vos ensinará todas as coisas, e vos fará relembrar de tudo o que eu vos tenho dito*[86]. Por conseguinte, o Espiritismo é o feito do Espírito Santo, do Espírito de verdade que, comunicando-se conosco pelo intermédio dos espíritos que viveram sobre a terra, recorda-nos tudo o que Jesus Cristo nos ensinou, fala-nos, em uma linguagem clara e sem equívoco, de tudo o

[83] Mat., v, 38, 39; 43, 44.
[84] Mat., xi, 14; xvii, 10 e seg.; João, iii, 3 e seg.
[85] João, xvi, 12, 13, 25.
[86] João, xiv, 26.

que Jesus Cristo nos disse em parábolas, explica-nos todas as verdades mal compreendidas ou falsamente interpretadas, desvela-nos a existência do mundo dos Invisíveis ou dos Espíritos, e nos inicia *nos segredos da vida de além-túmulo*, em nos provando a imortalidade da alma, não só pela teoria, mas por fatos evidentes e mesmo sensíveis.

Após ter determinado o que é o pecado, e o castigo supostamente infligido por Deus, e após ter exposto por qual via a Providência conduz a humanidade ao conhecimento da verdade, iremos examinar se nós temos bem compreendido até o presente o pecado original. Eis como Macário, em sua *Teologia dogmática*, fala da maneira pela qual nossos pais caíram, da causa de sua queda e da transmissão hereditária de seu pecado a toda a espécie humana:

> Moisés descreve como aconteceu a queda de nossos pais. Após ter falado da morada bem-aventurada do primeiro homem, do mandamento que Deus lhe fizera no paraíso, da denominação que Adão dera aos animais, da criação de sua companheira e de seu estado de inocência, o escritor sagrado do Gênesis continua nestes termos: *Ora, a serpente era o mais refinado de todos os animais que o Senhor Deus formara sobre a terra. E ela disse à mulher: Por que Deus vos mandou* não comer do fruto de todas as *árvores que estão no paraíso? A mulher lhe respondeu: Nós comemos do fruto de todas as árvores que estão no paraíso; mas quanto ao fruto da árvore que está no meio do paraíso, Deus nos mandou dele não comer, e aí não tocar, para evitar que estivéssemos em perigo de morrer. A serpente replicou à mulher: Seguramente,* vós não morrereis. Mas é que Deus sabe que, tão logo tiverdes comido desse fruto, vossos olhos serão abertos, e vós sereis como os deuses, conhecendo o bem e o mal. A mulher considerou, então, que o fruto dessa árvore era bom para comer, que ele era belo e agradável à vista. E, dele tendo tomado, ela comeu, e deu a seu marido, que comeu também[87]. Segue-se daí que:
> 1. A serpente foi a primeira causa da queda de nossos pais, ou, mais precisamente, o instrumento de

[87] Gênesis, III, 1-6.

sua queda. O que é preciso compreender aqui sob o nome de serpente? Moisés a chama o mais refinado de todos os animais que existem sobre a terra; por conseguinte, coloca-a no número dos animais terrestres. Mas considerando que essa serpente fala, raciocina, calunia Deus e se esforça por arrastar Eva ao mal, vê-se que aqui sob a aparência da serpente se esconde a serpente espiritual, o diabo, o inimigo de Deus. E a Escritura santa não deixa a esse respeito nenhuma dúvida. No livro da Sabedoria, é dito: *A morte entrou no mundo pela inveja do diabo* (isto é, pelo pecado)[88]. O próprio Salvador a chama o *homicida desde o começo* e o *pai da mentira*, e todos os pecadores, os *filhos do diabo*[89]; enfim, São João Evangelista afirma em duas ocasiões e com uma grande clareza que esse *grande dragão, essa antiga serpente* é nomeadamente o *diabo e Satã, que seduz todo o mundo*[90]. É assim que os Pais da Igreja e os teólogos constantemente consideraram a serpente.

2. Nossos pais mesmos foram, para falar propriamente, a segunda causa de sua queda... Eva, se bem que tenha caído por ter se deixado seduzir pelo diabo, não caiu, todavia, por necessidade, mas de todo livremente... Como Adão caiu em seguida? Moisés não diz nada sobre isso; mas de acordo com as palavras que Deus dirigiu a Adão após sua queda: *Porque escutaste a voz de tua mulher, e comeste do fruto da árvore de que eu te proibira de comer*[91], pode-se concluir que Adão caiu em consequência das instâncias de sua mulher e de sua paixão por ela, assim, que ele não caiu, tampouco, por necessidade, mas de seu pleno grado.

As consequências da queda de nossos pais se manifestaram antes de tudo em sua alma, e se estenderam em seguida a seus corpos e a todo o seu bem-estar exterior.

Eis quais foram as consequências disso para sua alma:

---

[88] Sabedoria, II, 24.
[89] João, VIII, 44.
[90] Apocalipse, XII, 9; XX, 2.
[91] Gênesis, III, 17,

1. A ruptura da aliança (a religião) com Deus, a perda da felicidade, a morte espiritual... Os Pais da Igreja são unânimes relativamente a essa consequência da queda pelo pecado. Gregório de Niceia diz: Após sua queda, o primeiro homem viveu ainda muitas centenas de anos; mas Deus disse a verdade, quando disse: Ao mesmo tempo em que dele comeres, morrerás muito certamente, pois precisamente porque o homem se distanciou da verdadeira vida, a sentença de morte foi executada sobre ele no mesmo dia; ao passo que não foi senão muitos anos depois que a morte corporal atingiu Adão.
2. O obscurecimento da razão.
3. A perda da inocência, o enfraquecimento da vontade, e seu pendor ao mal antes que ao bem.
4. A alteração da imagem de Deus.

Consequências para o corpo:
1. As doenças, as enfermidades, o esgotamento.
2. A morte... Santo Agostinho diz: Entre os cristãos que observam a religião verdadeiramente católica, é reconhecido como não sendo duvidoso que a morte corporal não é o resultado de uma lei da natureza: pois Deus não criou a morte para o homem; mas ela é a consequência do pecado. Depois, num outro passo, diz que ele (o primeiro homem) é mortal pela essência de seu corpo material, e imortal pela bondade (*beneficio*) do Criador[92]. O concílio de Cartagena também determinou: Que aquele que disser que Adão, o primeiro homem, foi criado mortal, e que, em consequência disso, quer tenha ou não pecado, ele deve morrer, isto é, deixar seu corpo, não por punição de seu pecado, mas por necessidade de sua natureza, que seja anátema[93].

Consequências em relação à condição física do homem:
1. Sua expulsão do paraíso;
2. A maldição da terra, relativamente às necessidades do homem.

A Igreja ortodoxa ensina que o pecado de nossos pais com todas as suas consequências passa de Adão e Eva a todos os seus descendentes pela via

[92] *De Genes. ad. litt.*, VI, 25, n. 36.
[93] Artigo 123.

de seu nascimento natural, e, por conseguinte, subsiste indubitavelmente.

Esse ensinamento tem bases sólidas nas santas Escrituras. Podem-se dividir em duas classes as passagens das Escrituras que a isso se relacionam: umas exprimem particularmente a ideia da verdade e da generalidade do pecado de nossos pais nos homens; as outras exprimem particularmente a ideia da verdade e do meio de sua transmissão.

As passagens da primeira classe:

1. A principal e mais clara se encontra no quinto capítulo da epístola do Apóstolo São Paulo aos Romanos, quando ele estabelece ali uma comparação entre Adão e Nosso Senhor J. C. em sua relação com a espécie humana. Vê-se por esta epístola: *a*. Que o pecado entrou no mundo e que a morte aí entrou também, como consequência, por Adão, por um só homem: *O pecado entrou no mundo por um só homem, e a morte pelo pecado*; *b*. Que foi precisamente pelo pecado de um só que a morte entrou em toda a humanidade, e não pelos próprios pecados desta: *E que, assim, a morte passou a todos os homens... pelo pecado de um só, muitos são mortos... por causa do pecado de um só, a morte reinou por um só homem*; *c*. Que ao mesmo tempo em que a morte, que é a consequência do pecado, entrou em toda a humanidade, o pecado de um só aí entrou também, e que foi, assim, pelo pecado de um só, e antes de terem pecado eles mesmos, que os homens se tornaram pecadores: *Todos tendo pecado em um só... muitos se tornaram pecadores pela desobediência de um só*; *d*. Enfim, que foi pelo pecado de um só que entrou em toda a humanidade, antes que ela própria tivesse começado a pecar, uma outra consequência do pecado, a condenação: *Pelo pecado de um só, todos os homens caíram na condenação*.

2. Um outro passo menos claro se encontra no livro de Jó. Representando as calamidades da vida humana, o santo homem diz, entre outras: *Quem pode estar isento de toda impureza? Ninguém, ainda que*

se tivesse vivido um só dia sobre a terra[94]. Vê-se aqui claramente a significação de certa impureza da qual nenhum homem está isento, mesmo desde seu nascimento. Mas qual é essa impureza? Como, de acordo com a descrição de Jó, ela é representada como a causa das calamidades da vida humana e como ela torna o homem culpado diante de Deus, é preciso admitir que se compreende aqui uma impureza moral, e não uma impureza física que não seria senão uma consequência da primeira, e que não poderia por si mesma tornar o homem culpado diante de Deus, ou, em outros termos, compreende-se aqui a corrupção de nossa natureza que nos é transmitida a todos por nossos pais.

Às passagens da segunda classe, podem-se relacionar:

1. As palavras do Salvador em sua conversa com Nicodemos: *Em verdade, em verdade, eu vo-lo digo, se um homem não renasce da água e do Espírito, não pode entrar no reino de Deus. O que é nascido da carne é carne; e o que é nascido do Espírito é Espírito*[95]. Essas palavras significam que o homem, nascido naturalmente, o que quer que ele seja, Judeu ou pagão, não pode entrar no reino de Deus, no reino da felicidade, e em seguida no reino da glória, se não nasce de novo no mistério do batismo. Assim: *a*. Todos os homens, por sua natureza, estão submetidos no presente a uma certa impureza, ⊠ impureza moral, uma vez que ela é um obstáculo à sua entrada no reino espiritual de J. C.; *b*. Essa impureza se estende a todos os homens por seu nascimento natural. Como esclarecimento deste passo, podem-se relacionar as palavras do Apóstolo, de que *nós éramos naturalmente filhos da cólera*[96].

2. Pelas palavras do Salmista em seu salmo da penitência: *Sabeis que eu fui formado na iniquidade, e que minha mãe me concebeu no pecado*[97], não se poderia compreender aqui o pecado pessoal do rei-profeta; uma vez que ele diz: Eu fui concebido e

[94] Jó, XIV, 4, 5. Esse texto é traduzido da Bíblia eslava.
[95] João, III, 5, 6.
[96] Efés., II. 3.
[97] Salmos, LI, 5.

> sou nascido nesse pecado; esse pecado lhe é, portanto, próprio desde um tempo em que ele não tinha ainda livre-arbítrio. Não se pode mesmo supor um pecado dos pais de Davi, isto é, que ele fosse concebido e nascido deles ilegitimamente: sabe-se que Davi não foi o fruto do crime, que seu pai Jessé brilhou por sua vida justa, e que sua mãe era a mulher legítima de Jessé. Não se deve, portanto, sob a denominação da ilegitimidade na qual Davi foi concebido e nasceu, compreender outra coisa que o pecado proveniente da primeira desobediência de Adão, e passando de Adão a toda a sua posteridade. A lei natural da concepção e do nascimento é a mesma para todos os homens; não se pode, por conseguinte, indicar a causa que faria com que um rei de Israel tivesse sido concebido e fosse nascido no pecado de seus pais, ao passo que todos os outros homens tivessem sido isentos dele[98].

Terminemos por aí o extrato da *Teologia dogmática* de Macário sobre o pecado de nossos pais, ou pecado original.

Examinemos no presente se se pode estar satisfeito com as explicações que os teólogos deram dos textos das santas Escrituras e com a dedução que deles se tirou relativamente à queda do primeiro homem e ao pecado original, e se essa dedução está de acordo com as outras verdades cristãs.

A serpente que falou a Eva no paraíso e que a seduziu foi a causa de sua queda. Os teólogos, tomando em consideração que essa serpente fala, raciocina, calunia Deus, esforça-se por arrastar Eva ao mal, disso concluíram que aqui na serpente natural se escondia a serpente espiritual, o diabo, o inimigo de Deus; e mesmo eles consideram essa opinião como fora de dúvida, apoiando-se sobre o que é dito na Sabedoria, que *a morte entrou no mundo pela inveja do diabo* (isto é, pelo pecado); que nosso Salvador a chama *o homicida desde o começo*, e os pecadores, *os filhos do diabo*; e que, enfim, São João Evangelista afirma em duas ocasiões que *esse grande dragão, essa antiga serpente*, é nomeadamente *o diabo e Satã que seduz todo o mundo*.

Admitamos a justeza dessa explicação; que era verdadei-

[98] Macário, *Teologia dogmática*, tomo I, §§ 88, 92.

ramente o próprio diabo em pessoa; que ele tomara a aparência da serpente; mas então se apresenta esta questão: como pudera ele entrar no paraíso? Como tinha a audácia de fazê-lo? Suponhamos que esse paraíso era terrestre e não celeste; era, no entanto, o paraíso. E depois, isso significa que ele teria podido aí viver e gozar como nossos próprios pais. Em seguida, como concordar essa aparição do diabo no paraíso com as palavras do Apóstolo Pedro, que diz que *Deus não poupou os anjos que pecaram, mas os precipitou no abismo onde as trevas lhes servem de cadeias, para serem atormentados, e mantidos como em reserva até o julgamento*[99]; e com as do Apóstolo Judas, de *que ele retém ligados em cadeias eternas em profundas trevas, e reserva para o julgamento do grande dia, os anjos que não conservaram sua primeira dignidade, mas que deixaram sua própria morada*[100]? Por conseguinte, se se admite que o diabo se apresentou realmente em sua pessoa no paraíso, os Apóstolos, então, não disseram a verdade ao afirmar que Deus prendera com laços eternos, nas *trevas do inferno*, os anjos decaídos e que aí os guardava até o julgamento do grande dia; ou bem o diabo é mais forte que Deus, e, malgrado a vontade deste, ele quebrou seus ferros e apareceu no paraíso. Além disso, por que o diabo se apresentou sob a forma da serpente e não sob a de um Anjo, como o fez muitas vezes na sequência, assim como se o vê na vida de muitos santos? Não teria parecido estranho a Eva se um anjo lhe tivesse falado, e teria sido mais fácil para este seduzi-la; mas uma serpente! Isso devia espantá-la e lhe fazer antes conceber suspeitas: pois nossa mãe não era provavelmente tão simples, e sabia que as bestas e os répteis não falam. Mas, uma vez que nossos teólogos deram tal explicação, teria sido conveniente fazê-la concordar com as palavras dos Apóstolos Pedro e Judas: de outro modo, disso ressalta uma contradição evidente.

Não é muito mais natural, rejeitando o sobrenatural, tomar essa tradição como uma tradição figurada? Primeiro, a serpente fala! Mas o que é uma serpente? Um réptil; os répteis, como o sabemos, não têm o dom da palavra; depois, o que é a árvore

[99] II Pedro, II, 4.
[100] Judas, 6.

da ciência do bem e do mal? Podemos nos representar uma árvore cujo fruto nos tivesse dado alguns conhecimentos? Assim, nessa tradição, tudo é figurado: Adão, Eva, o paraíso, a serpente e a árvore da ciência do bem e do mal.

Adão e Eva são o emblema do começo da vida corporal de todo Espírito criado individualmente. Essa opinião é confirmada pelas palavras do Apóstolo São Paulo: É *enterrado como um corpo animal, e ressuscitará como um corpo espiritual. Como há um corpo animal, há também um corpo espiritual, segundo está escrito:Adão, o primeiro homem, tornou-se uma alma vivente, e o último Adão é um Espírito vivificante. Mas não é o corpo espiritual que está antes, é o corpo animal e em seguida o corpo espiritual. O primeiro homem é o terrestre formado da terra; e o segundo homem é o celeste, que veio do céu. Como o primeiro homem foi terrestre, seus filhos também são terrestres, e como o segundo homem é celeste, seus filhos também são celestes. Como, pois, nós trouxemos a imagem do homem terrestre, levemos também a imagem do homem celeste. Eu quero dizer, meus irmãos, que a carne e o sangue não podem possuir o reino de Deus, e que a corrupção não possuirá essa herança incorruptível*[101].

O que significam estas palavras: *Há um corpo animal; há um corpo espiritual*? A alma encarnada tem um corpo carnal – é o corpo animal; mas o Espírito, após a morte, libertado desse corpo carnal e grosseiro, conserva o corpo fluídico do qual ele não estava separado durante sua encarnação e que nós chamamos *perispírito* – é o corpo espiritual. Assim, o Espírito, envolvido de seu corpo fluídico, perispírito, forma a alma; é por isso que está escrito que *Adão, o primeiro homem, tornou-se uma alma vivente*, isto é, ele se tornou uma alma encarnada em um corpo grosseiro ou carnal; e *o último Adão*, isto é, quando a alma estiver purificada de todos os seus defeitos e se tornar perfeita, será então um *Espírito vivificante*, isto é, não terá mais necessidade de estar encarnada em um corpo corruptível ou carnal, e trará a imagem do homem celeste. É por isso que cada homem deve ser primeiro *terrestre, como o foi o primeiro homem*; em seguida *espiri-*

[101] I Coríntt., xv, 44-49. Tradução feita de acordo com o texto eslavo.

tual, como o foi o segundo– o celeste, isto é, Jesus Cristo. Por estas palavras: *Não é o corpo espiritual que está antes, é o corpo animal, em seguida o espiritual*, está demonstrado que o Espírito não pode ser perfeito sem passar antes por todas as fases da alma, isto é, sem passar por todas as encarnações e as provas necessárias à purificação de todos os seus defeitos. Estas palavras: *O primeiro Adão* e o último Adão mostram claramente que, pelo nome de Adão, representa-se figuradamente o quadro do começo e do fim das existências corporais de cada Espírito separado; de outra forma, o que significaria esta expressão *o último Adão*?

O paraíso é a imagem do mundo ou do planeta sobre o qual os Espíritos começam suas existências corporais. O Espiritismo nos demonstra que os Espíritos são criados simples, sem conhecimentos e sem saber. O Espírito, no momento de sua criação, tem, semelhantemente ao homem, sua infância. Suas primeiras existências corporais são somente instintivas; ele mal tem o sentimento de si mesmo. À medida que se desenvolve, o sentimento do conhecimento de si mesmo se desenvolve pouco a pouco nele, assim como a razão e o livre arbítrio. Pode-se comparar o estado da alma, quando de sua primeira encarnação, ao da infância da vida corporal; sua razão mal está desenvolvida: ela ensaia, por assim dizer, a vida. É muito natural que seres inocentes, que não tenham conhecimentos, nem saber, nem experiência, indispensavelmente tenham tido necessidade dos cuidados de nosso Pai comum todo-poderoso, que, para lhes tornar a vida possível, deveu colocá-los sobre algum planeta ou em um mundo onde toda a natureza e todas as criaturas respondessem à sua inocência, onde o clima fosse temperado, onde a terra produzisse todos os frutos, a fim de que os primeiros homens pudessem receber tudo o que era indispensável à sua existência sem nenhuma pena de sua parte. Um tal mundo, comparado ao nosso mundo terrestre, é efetivamente um verdadeiro paraíso; mas um paraíso terrestre e não celeste, pois não há ali senão a inocência, e no paraíso celeste se encontra a perfeição. Embora Moisés tenha determinado positivamente o local do paraíso sobre a terra, não o fez senão para mostrar ao povo hebreu mais claramente, e, por assim dizer, de uma maneira sensível ao olho, a riqueza da natureza do mundo onde Adão e Eva tinham começado sua primeira existência corporal; foi por isso que ele indicou aos Hebreus a mais bela região que conhecia sobre a terra, região que lhes era igualmente conhecida. Podemos concluir disso que todos os Espíritos criados passam sua primeira existência corporal em um estado de felicidade.

A serpente é a imagem figurada da sedução. Moisés a chama refinadíssima; e o que há, com efeito, de mais ardiloso, de mais insinuante, de mais falso que a sedução?

A proibição de comer do fruto da árvore da ciência do bem e do mal exprime a proibição de transgredir as leis eternas estabelecidas por Deus, pois aquele que as infringe é imediatamente submetido às consequências inevitáveis e amargas dessa infração, e aprenderá por sua própria experiência o que é o mal, e, por comparação com o mal, apreciará e conhecerá o que é o bem. Para os primeiros homens, essa infração teve a morte como consequência imediata: *Ao mesmo tempo em que dele comeres, morrerás muito certamente*[102]. Veremos mais adiante a necessidade dessa lei.

Admitindo essa interpretação da alegoria de Moisés, toda a sua relação com o paraíso, o estado bem-aventurado de que aí gozavam nossos pais, sua queda, sua expulsão do paraíso, a propagação de seu pecado a toda a posteridade, torna-se não somente inteligível, mas perfeitamente lógica. As palavras de Deus: *Ao mesmo tempo em que dele comeres, morrerás muito certamente*, isto é, à primeira infração de uma de minhas leis eternas tu morrerás, eram provavelmente tomadas à letra, porque, primeiro, em um mundo tal como aquele onde viviam nossos pais e que era destinado à primeira encarnação dos Espíritos criados, não há senão inocentes que podiam aí viver; os culpados aí não podiam ter sofrido, de outro modo, aí teriam levado consigo seus diferentes vícios; em segundo lugar, o que significa a expulsão do paraíso? Isso quer dizer a expulsão do mundo, ou, noutros termos, a morte corporal. Por conseguinte, desde que nossos pais transgrediram a lei, deveram, como culpados, deixar esse mundo, isto é, morrer.

[102] Gênesis, II, 17.

Os Pais da Igreja viram o desacordo de sua interpretação com a palavra de Deus, e foi por isso que tentaram entender o sentido das palavras que Deus pronunciara, para que elas não contradissessem de uma maneira demasiado marcante sua interpretação; por isso, Gregório de Niceia diz:

> Após sua queda, o primeiro homem viveu ainda muitas centenas de anos; mas Deus disse a verdade quando disse: *Ao mesmo tempo em que dele comeres, morrerás muito certamente*; pois, precisamente porque o homem se tornou estranho à vida verdadeira, naquele mesmo dia a sentença de morte se cumpriu sobre ele; mas, após muitos anos (aqui Gregório de Niceia não ousou repetir após muitas centenas de anos, e exprimiu essas muitas centenas de anos pelas palavras: após muitos anos) em seguida, a morte corporal atingiu Adão.

O que significa a maldição da terra: *A terra será maldita... Ela vos produzirá espinhos e abrolhos... Comereis vosso pão ao suor de vosso rosto*[103]? Isso significa que Deus encarnou o Espírito de Adão e o de Eva em um mundo bem inferior àquele no qual eles tinham vivido. Neste mundo a fertilidade da terra era pobre, e os homens, para se proporcionar sua subsistência, deviam cultivá-la ao suor de sua fronte; o clima era rigoroso, e, para se proteger contra o frio e as injúrias do tempo, eles deviam absolutamente cobrir seus corpos de peles de bestas e não podiam mais permanecer nus: *O Senhor Deus fez também a Adão e à sua mulher hábitos de peles dos quais os revestiu*[104]. Por conseguinte, a maldição da terra não significa precisamente uma maldição; pois teria sido soberanamente injusta: a terra não é minimamente culpada das faltas dos homens; mas isso quer dizer que a terra bela e fértil de que Adão gozara no mundo precedente mudara, em seu mundo novo, numa terra inculta que de si mesma e sem cultura não produzia senão abrolhos e espinhos. Nossos mestres, assegurando-nos que Deus amaldiçoou a terra pelas faltas dos homens, agem conosco como essas bondosas velhinhas que, para acalmar uma criança que se deu um golpe contra uma

[103] Gênesis, III, 17, 18, 19.
[104] Gênesis, III, 21.

mesa, entregam-se a este consolador monólogo: "Que mesa feia! Ela fez mal a esse pobrezinho! Vamos dar um jeito nela!" e se põem a bater nessa mesa, que é tão culpada do mal feito à criança quanto a terra o é das faltas do homem.

Moisés não diz se Adão e Eva tiveram filhos antes de sua queda, e não fala senão de Caim e de Abel, mas que nasceram após a queda, por conseguinte, depois que Adão e Eva foram encarnados em um outro mundo, ou, para dizer mais verdadeiramente, depois que eles foram encarnados sobre a terra. Mas como Deus lhes disse logo após sua criação: *Crescei e multiplicai-vos, e enchei a terra*[105], e como provavelmente sua queda não se realizou senão bem longo tempo após a criação, eles deveram, em razão de todas essas considerações, deixar uma numerosa posteridade nesse mundo bem-aventurado que Moisés chama o paraíso terrestre. Esse silêncio de Moisés, relativamente aos filhos de Adão e de Eva no paraíso, indica claramente que o paraíso era um mundo separado da terra. Moisés devia apresentar a história dos homens da terra; é por isso que ele passou ligeiramente sobre a primeira encarnação do homem, reproduzindo-a em um relato figurado; é também por isso que ele não diz nada da posteridade que Adão deixou em seu precedente mundo, o paraíso, uma vez que essa posteridade formava a população de um outro mundo e não da terra. Pode ser que, para não tornar seu relato demasiado prolixo, Moisés tenha se calado sobre muitos outros mundos que Adão teria habitado antes de sua encarnação sobre a terra. Esta última suposição decorre de que, se bem que a terra esteja no número dos mundos inferiores, de acordo com seu estado de aperfeiçoamento, ela não é, entretanto, o mais baixo no qual o segundo Adão deveu estar encarnado após a falta do primeiro Adão.

Os teólogos consideram como fora de dúvida que o corpo dos primeiros homens foi criado imortal, e que nós fomos sujeitados à morte somente por causa do pecado de nossos primeiros pais.

Essa opinião não pode sustentar uma crítica séria. Deus disse a Adão: *Até que retornes à terra donde foste tirado: pois*

[105] Gênesis, I, 28.

tu és pó, e retornarás ao pó[106]. Dessas palavras de Deus, vê-se claramente que o corpo foi criado corruptível, e que, com o tempo, ele deve necessariamente ser destruído e retornar à terra, donde foi tirado. É verdade que Deus diz isso a Adão após sua queda e como punição de sua falta. Já vimos que Deus não pune ninguém; pela palavra punição, é preciso sempre compreender a consequência inevitável resultante de uma infração às leis eternas. Deus é a ciência universal; antes de criar o homem, ele sabia que este falharia; por conseguinte, por que teria feito uma lei impraticável? E se disse que ele era poeira e que retornaria à poeira, é que sua lei eterna é que o corpo grosseiro se destrua cedo ou tarde. As leis de Deus são imutáveis, e ele não as mudará em vista de punir os homens. Como em nosso tempo o homem passa por todas as idades, começando pela infância e terminando pela velhice, da mesma forma provavelmente os primeiros homens criados passaram por todas essas diferentes idades, embora Moisés não diga nada da infância de Adão e Eva; mas ele não diz, tampouco, que Adão e Eva tenham saído em uma idade completa das mãos do Criador. Não há senão esta diferença, é que, em nosso mundo, as causas da morte são as doenças e a decomposição do organismo, e que, no outro mundo, o corpo, vigoroso, ao abrigo das paixões, dos excessos e do esgotamento do trabalho, não era exposto às doenças e podia existir incomparavelmente por mais longo tempo que o nosso, até que fosse chegado ao seu esgotamento inevitável, à decrepitude e, enfim, à decomposição, à morte. Por conseguinte, nossos pais, com o tempo, seriam sempre mortos, mesmo se se admite que eles não tenham cometido falta, e que Deus não tenha determinado sua primeira infração à lei como termo de sua vida.

Os teólogos dizem que o pecado de nossos pais ou pecado original com todas as suas consequências se estendeu de Adão e de Eva a todos os seus descendentes pela via de seu nascimento natural.

Nessa interpretação que os teólogos dão ao relato figurado de Moisés sobre os primeiros homens, sobre sua existência

[106] Gênesis, III, 19.

no paraíso, sobre sua queda, e em sua opinião sobre a criação da alma ao mesmo tempo em que o corpo, o pecado original não tem nenhum sentido. Não está de acordo com a justiça de Deus, com as leis não somente divinas, mas mesmo humanas, e contradiz claramente a sã razão. Por que teríamos nós de responder pelas faltas de nossos pais, se nossa alma é criada independentemente das deles e não tem com elas nenhuma relação?

Admitindo que nós devamos responder pelas faltas de nossos pais, seríamos também forçados a admitir que nós devemos igualmente responder pelas faltas de nosso pai e de nossa mãe, uma vez que eles estão ainda mais próximos de nós que Adão e Eva; em seguida, pelas faltas de nosso avô e de nossa avó, de nossos antepassados, e, enfim, de nossos ancestrais descendendo em linha reta de Adão e de Eva; e notai bem que são Espíritos novos, todos distintos uns dos outros, e que não têm entre si nenhum laço natural. Quantos milhares de pecados estranhos pesariam sobre nossa pobre alma que não é em nada culpada! Há alguma possibilidade de se tirar desse abismo de pecados? Não falamos de suas próprias faltas que, confundidas com os pecados de nossos pais e de nossos ancestrais, seriam como uma gota de água no mar. Por conseguinte, não há aí nada a examinar, e não se tem senão de enviar cada alma diretamente para a geena de fogo. De acordo com esse sistema, é evidente que quanto mais um homem nascer tarde, mais ele será culpado e pecador; pois o número de seus ancestrais se torna tanto maior. Não está aí uma lógica admirável? E depois disso, nossos teólogos não receiam em dizer que

> nós podemos, de acordo com as luzes da sã razão, convencer-nos da realidade do pecado original que nos é transmitido a todos por nossos pais[107].

Não, a esses dados, a essas interpretações que nos apresentam os teólogos, nós respondemos positivamente que a sã razão se opõe absolutamente a admitir a transmissão do pecado de nossos pais a todos os seus descendentes. É por isso que suas interpretações errôneas conduzem não à confirmação da

[107] Macário, *Teologia dogmática*, tomo I, página 387.

religião cristã, mas bem à sua ruína e a uma incredulidade completa. Que diríeis, se vos sentenciassem e vos aprisionassem pelas dívidas de um outro com o qual vós não tendes nenhuma relação, nenhum laço de parentesco nem de família, nem de nenhuma espécie? Não é verdade que então vós vos queixaríeis como de uma injustiça gritante? Se, da parte dos homens, considera-se isso como uma injustiça gritante, qual injustiça isso deve ser da parte de Deus, ser misericordioso e soberanamente justo? Depois, admitindo nossa responsabilidade pelos pecados de nossos pais, como vós interpretais as palavras do Deuteronômio: *Não se farão morrer os pais pelos filhos, nem os filhos pelos pais; mas cada um morrerá por seu pecado*[108]; e as palavras do Apóstolo Paulo: *Assim, cada um de nós prestará contas a Deus de si mesmo*[109]? Essas palavras contradizem totalmente o dogma da transmissão do pecado dos pais sobre seus descendentes. E, entretanto, as palavras do Deuteronômio e do Apóstolo Paulo, tão bem quanto o dogma da transmissão do pecado de nossos pais a nós, são perfeitamente justas; o que há de ilógico e de contraditório provém somente da interpretação errônea do relato de Moisés sobre os primeiros homens, e essa própria contradição mostra claramente que a interpretação é errônea; pois a religião cristã e seus dogmas são de uma verdade irrefragável. O Espiritismo nos dá a chave da concordância de todas essas contradições, esse mesmo Espiritismo contra o qual se levantaram tão fortemente e tão obstinadamente os teólogos e nosso clero, que o chamam o obscurecimento do espírito, uma invasão diabólica, um devaneio pagão, uma mistura imoral com a falsa moral cristã etc., numa palavra, que despejaram sobre ele tantas injúrias que não se poderiam enumerá-las. Quanto a nós, julgamos o Espiritismo mantendo as palavras do Salvador: *Cada árvore se conhece por seu próprio fruto*[110]. O Espiritismo, dando uma interpretação lógica de todos os dogmas do cristianismo, e estabelecendo por aí seu verdadeiro sentido, já reconduziu à religião muitos milhões de homens caídos na incredulidade por causa somente de que, pelas interpretações ilógicas dos

[108] Deuteron., XXIV, 16.
[109] Rom., XIV, 12.
[110] Lucas, VI, 44.

dogmas do cristianismo, tem-se representado Deus vingativo, cruel e injusto no mais alto grau.

Assim, dirigimo-nos ao Espiritismo porque ele nos restitui nesses dogmas a fé que a interpretação de nossos teólogos nos fez completamente perder.

Não dizemos positivamente que Adão e Eva sejam mitos; é possível que realmente tenham vivido sobre a terra, e mesmo que aí tenham estado no número de seus primeiros habitantes; foi por isso que Moisés empregou seus nomes em seu relato figurado. Mas afirmamos que Moisés, sob o nome de Adão, compreendeu cada um dos Espíritos que começava a primeira de suas numerosas existências corporais e a atravessava no sexo masculino; e sob o nome de Eva, cada um dos Espíritos que começava sua primeira existência corporal e a atravessava no sexo feminino. Para falar propriamente, os Espíritos não têm sexo, porque os sexos dependem da organização: é uma propriedade da matéria; mas, como o Espírito, para chegar à sua perfeição, deve provar todas as condições, cada Espírito deve necessariamente suportar todas as existências corporais: umas no corpo de um homem, outras no corpo de uma mulher.

Assim, quando o primeiro Adão e a primeira Eva foram encarnados no mundo que Moisés chama o paraíso, era sua primeira existência corporal; e quando, à medida que eles adquiriam a experiência e o saber, a consciência do eu se desenvolvia neles, a razão e o livre arbítrio começavam também a se manifestar, e então as ideias, os desejos, começaram a nascer neles, e, à medida que se desenvolveram, a imaginação e as ilusões aí se juntaram necessariamente; e embora eles tivessem relações diretas com Deus, o que é muito possível de admitir, tomando em consideração sua inocência e a bondade suprema de Deus, nosso pai misericordioso a todos, a fraqueza da natureza humana os arrastou, e em sua alma se manifestou um sentimento de orgulho ou de ciúme ao qual eles se abandonaram, ou bem verdadeiramente eles imaginaram que eram, eles mesmos, deuses. Mas, o que quer que seja, eles infringiram o mandamento de Deus e foram submetidos à consequência inevitável dessa infração – a morte, isto é, eles morreram corporalmente no mesmo dia em que teve lugar a desobediência; pois eles tinham se tornado culpados, e os culpados não podiam permanecer em um mundo destinado aos inocentes.

Tal é a explicação da queda e da expulsão do paraíso, no qual o papel da serpente se reduz àquele das suas próprias ideias e das suas próprias ilusões que os seduziram e arrastaram ao mal.

Mas Deus não os condenou, por seu pecado, a tormentos eternos, e não lhes tirou os meios de atingir a perfeição, e ao mesmo tempo a felicidade eterna. Para resgatar seu pecado e para seu aperfeiçoamento ulterior, como o objetivo de todo Espírito é a perfeição, ele lhes permitiu provar uma nova existência corporal, encarnando-os em um outro mundo, mas por ora bem inferior ao que era o paraíso. Naquele, o clima era benfazejo, eles não tinham necessidade de cobrir seu corpo; neste, ao contrário, o rigor do clima os obrigava a protegê-lo por meio de peles de bestas contra as intempéries do ar e contra o frio. No paraíso, a terra era fértil e produzia em abundância todas as sortes de frutos, sem nenhuma espécie de cultura, e lhes fornecia tudo o que era necessário à sua nutrição; no outro mundo, a terra era árida, o homem devia trabalhar e cultivá-la ao suor de sua fronte, para se proporcionar a nutrição mais necessária. Lá, os animais eram brandos e obedeciam ao homem; aqui, eles eram carniceiros, e o homem devia se garantir de seus ataques. Lá, o homem gozava de uma saúde constante; aqui, era exposto à fadiga, ao esgotamento, às doenças. Eis o mundo onde foi encarnado o segundo Adão, após a queda do primeiro Adão; e como é o mesmo Espírito que animava o corpo do primeiro Adão, é então muito natural que o segundo Adão nascesse neste mundo, já carregado do pecado do primeiro Adão; e, dessa forma, o Espírito, em passando por uma multidão de existências corporais, nasce cada vez em sua nova existência, carregado, se não do pecado do primeiro Adão, pecado do qual ele pode se depurar, ao menos carregado dos pecados do segundo, do terceiro, do vigésimo Adão. Eis a impureza da qual o Espírito não teve ainda o tempo de se purificar e que se denomina pecado inato, ou pecado original. Enfim, o Espírito chega ao último Adão de que fala o Apóstolo Paulo, isto é, à condição de Espírito vivificante; mas esta condição não está acessível ao Espírito senão quando ele se purificou de todos os seus defeitos e se fortaleceu em todas as virtudes; então, para seu aperfeiçoamento ulterior, não há mais necessidade para ele de se encarnar em um corpo grosseiro, ele continua seu aperfeiçoamento no estado de Espírito. Assim, de acordo com as palavras do Apóstolo Paulo, quando nosso Espírito foi primeiro Adão, ele trazia a imagem terrestre, isto é, estava em um corpo; mas quando ele se tornar último Adão, trará a imagem do céu, isto é, tornar-se-á Espírito vivificante.

Eis o verdadeiro sentido do dogma do pecado inato. Aqui o pecado, se bem que passe de uma raça à outra, segue, entretanto, sempre o mesmo Espírito; pois o que é o primeiro Adão, o segundo Adão, e assim por diante até o último Adão? É um só e mesmo Espírito, somente nas diferentes posições e nas diferentes condições nas quais ele se encontra durante as numerosas existências corporais. É exatamente a mesma coisa que se um habitante da Rússia que chamaremos A, após ter cometido algum delito, escondesse-se na França sob o nome de B, depois passasse à Inglaterra sob o nome de C, e, enfim, à América sob o nome de D. Será que D não seria o mesmo culpado que A, só porque o delito foi cometido por A, habitante da Rússia, e este habitante da América se chama D? Dá-se o mesmo entre os Espíritos. Qualquer que seja o planeta sobre o qual ele tenha vivido, em qualquer posição que seja encontrado, qualquer que tenha sido seu nome, é sempre o mesmo Espírito que, em sua primeira existência corporal, da mesma forma que nas seguintes, cometeu diferentes faltas das quais é, por conseguinte, responsável, e cuja gravidade deve pesar sobre ele enquanto não os tiver resgatado por seus sofrimentos e deles não tiver se purificado.

Analisemos no presente a dedução que Macário, em sua *Teologia dogmática*, tira das palavras do Apóstolo Paulo, quando chama essa passagem *a principal e mais clara* em relação à realidade e à generalidade do pecado inato. Ele diz:

A. Que o pecado entrou no mundo, e que a morte aí entrou pelo pecado, como sendo a consequência do pecado de um só homem, de Adão.

Isso é perfeitamente justo: como Adão representa o primeiro homem que apareceu no mundo, é muito natural que seu pecado e a morte foram no mundo os primeiros acontecimentos desse gênero; pois, enquanto não havia homens, não podia haver exemplo de pecado de homem, tampouco morte de homem; por conseguinte, o pecado tão bem como a morte entraram no mundo pelo primeiro Adão. E como Deus estabeleceu para o primeiro mundo, que Moisés chama o paraíso, esta lei eterna e imutável, de que ao primeiro pecado o homem deve morrer, uma vez que esse mundo é destinado só aos Espíritos inocentes, a morte verdadeiramente entrou no mundo pelo pecado do primeiro Adão.

B. Que foi precisamente pelo pecado de um só que a morte entrou em toda a humanidade, e não pelos próprios pecados de todos os homens.

Este último esclarecimento não é justo em relação ao mundo chamado o Paraíso, pois, lá, cada Espírito começa sua existência corporal e morre por seu próprio pecado, pois o pecado de Adão não se estende à posteridade que ele deixa nesse mundo, não mais do que o pecado de Adão se estende a Eva, e o de Eva a Adão, porque são Espíritos distintos uns dos outros, os quais, em relação aos homens que povoam os outros mundos, constituem, todos, os primeiros Adões. Ademais, toda essa posteridade é anterior à queda de Adão. Além disso, não é absolutamente dito na epístola de Paulo que a morte não tenha entrado nos homens *por seus próprios pecados*; é uma adição infeliz feita pelo próprio Macário e, por isso, não é justa. As próprias palavras do Apóstolo dizem: *E que, assim, a morte passou a todos os homens*. Isso quer dizer que, após a morte do primeiro homem, todos os homens foram sujeitos à morte. *Pelo pecado de um só, muitos são mortos*, que pelo pecado do primeiro Adão são mortos todos os Adões ulteriores, isto é, todos os homens em quem o Espírito do primeiro Adão se reencarnou sucessivamente. *Por causa do pecado de um só, a morte reinou por um só homem*. Isso quer dizer que por causa do pecado do primeiro Adão a morte se estendeu a todos os homens que foram sucessivamente animados pelo único e mesmo Espírito que o primeiro Adão.

C. Que, com a morte, que é a consequência do pecado, o pecado de um só entrou em toda a humanidade, e que foi precisamente por esse pecado que os homens, antes de terem pecado eles mesmos, tornaram-se pecadores.

É indubitável que o pecado do primeiro Adão se estendeu a todos os Adões que se seguiram; por conseguinte, o segundo Adão é nascido com o pecado do primeiro Adão, e, por causa disso, ele foi pecador, antes de ter podido cometer, em sua nova existência, outros pecados que se podem chamar os próprios pecados do segundo Adão.

D. Enfim, que foi precisamente pelo pecado de um só, e antes que ela tenha começado a pecar, que a condenação, outra consequência do pecado, atingiu a humanidade.

Isso é e isso deve ser assim: uma vez que o segundo Adão é nascido no pecado do primeiro Adão, é evidente que ele é nascido já condenado, isto é, culpado.

Dessa maneira, segundo a interpretação regular do relato figurado de Moisés sobre os primeiros homens, o dogma do pecado original tem um sentido lógico; a justiça de Deus é reabilitada, as palavras de Jó: *Quem pode estar isento de toda impureza? Ninguém, ainda que se tivesse vivido um só dia sobre a terra*; e as de Davi: *Pois sabeis que eu fui formado na iniquidade, e que minha mãe me concebeu no pecado*, tornam-se compreensíveis, tão bem como as palavras do Deuteronômio: *Não se farão morrer os pais pelos filhos, nem os filhos pelos pais; mas cada um morrerá por seu pecado*; e as do Apóstolo Paulo: *Assim, cada um de nós prestará contas a Deus de si mesmo*. Essas palavras do Deuteronômio e as do Apóstolo Paulo são igualmente verdadeiras, e ao mesmo tempo elas não contradizem nem as palavras de Jó nem as de Davi; pois o Espírito que anima o corpo do pai, e o do filho, não são um só e mesmo Espírito, mas são dois Espíritos diferentes, que naturalmente não respondem um pelo outro, e as faltas de um não podem ser postas na conta do outro.

Da redenção do gênero humano por Nosso Salvador Jesus Cristo

> Eu sou a luz do mundo: aquele que me segue não anda nas trevas; mas terá a luz da vida... Eu sou o caminho, a verdade e a vida.
>
> (João, viii, 12; xiv, 6.)

O motivo da redenção, seu objetivo e suas consequências, são explicados tão confusamente e com tantas contradições pelos Doutores da Igreja, que é difícil se formar uma ideia do que eles quiseram dizer e da maneira pela qual eles próprios compreendem esse dogma.

Eles dizem:

> que o motivo da redenção do gênero humano foi o pecado de Adão, que não somente irritou extremamente a Deus, mas ainda corrompeu toda a natureza humana. Era, portanto, necessário, para realizar nossa libertação, reanimá-la e lhe dar uma nova vida; e para isso, a morte de Jesus Cristo foi indispensável. Assim, para que a libertação dos homens concordasse com o amor, a santidade, a justiça e a sabedoria de Deus, foi preciso: A. satisfazer a suprema justiça de Deus e lhe sacrificar uma vítima cuja importância pudesse igualar a imensidade da falta de todo o gênero humano, e resgatar inteiramente os pecados dos homens em geral; B. corrigir a natureza humana, reconduzi-la à sua perfeição

> primeira, à sua natureza divina, e lhe restituir a luz, a força e a vida de que o pecado a despojara; C. apagar as consequências do pecado em todo o universo, após ter aniquilado o império da morte e triunfado sobre o diabo[111].

Lê-se e se duvida. É mesmo possível que os Doutores da Igreja expliquem efetivamente esse dogma desta maneira? Por quem eles tomam, então, Deus, esse Ser todo-poderoso de uma suprema sabedoria? O que é o homem comparado a Deus? Um ser nulo, um verme. Como então esse ser nulo podia irritar infinitamente a Deus? Deus seria, pois, tão desarrazoado para se ofender com a desobediência de um verme? E ainda, o que é a cólera? Uma falta de império sobre si mesmo. Atribuir uma tal imperfeição a Deus, o Ser infinitamente perfeito! Como a desobediência desse verme podia corromper toda a natureza humana? A criação de Deus era, pois, tão imperfeita que bastava só a desobediência de um verme, para destruir todos os desígnios de Deus e alterar a natureza humana criada por ele, a ponto de exigir, para sua regeneração, o imenso sacrifício do sofrimento e do sangue de seu Filho único?

Eles dizem

> que para essa regeneração era indispensável satisfazer a eterna justiça de Deus, e lhe oferecer um sacrifício igual à imensidade da falta de todo o gênero humano.

Primeiro, não somente a desobediência de Adão, mas também os pecados reunidos de todos os homens, não valem mesmo uma gota de sangue de uma tão sublime vítima. Com efeito, o que são os pecados dos homens? E donde provêm eles? Os pecados são a consequência inevitável da imperfeição dos Espíritos que se encarnam sobre a terra, e eles são tão inevitáveis cá embaixo quanto as travessuras das crianças na escola. Além disso, que reparação da justiça divina pode haver nos sofrimentos do inocente pelas faltas dos culpados? Tornam-se eles por aí menos culpados? Suponhamos que o diretor de uma escola, em vez de punir os alunos culpados, tivesse punido seu filho, sem que este tivesse tomado parte

[111] Antônio, *Teologia dogmática*, página 172; página 134, § 154.

na falta cometida pelos primeiros: poder-se-ia chamar essa punição uma reparação? Estranha lógica!

Esse sacrifício foi ainda necessário para resgatar completamente as faltas de todos os homens em geral.

Poder-se-ia disso concluir que, uma vez que o sacrifício está consumado, as faltas de todos os homens sem exceção devem estar resgatadas. Mas, de fato, não é nada disso; pois os próprios Doutores da Igreja, malgrado esse objetivo da redenção e da vítima que já se sacrificou, continuam sempre por submeter os culpados às penas eternas: por conseguinte, o objetivo da redenção não foi atingido, e Deus, com todo o ser poder e sua sabedoria, não pôde superar os vermes, e não pôde encontrar um meio infalível de salvá-los, embora nosso Salvador tenha dito: *Pois o Filho do homem veio para salvar o que estava perdido...Assim, vosso Pai, que está nos céus, não quer que um só desses pequeninos pereça*[112].

> Para apagar as consequências do pecado em todo o universo, após ter aniquilado o império da morte e triunfado sobre o diabo.

Como aniquilar o império da morte e triunfar sobre o diabo? O triunfo supõe a luta; mas qual luta pode haver entre o Criador e a criatura? A luta é possível entre o homem e o vaso que ele fez? A morte e o diabo são tão fortes que Deus não tem nenhum poder sobre eles? E para flexioná-los, Deus tinha, então, necessidade de lhes sacrificar seu Filho único? Se os Pais da Igreja nos afirmam que Deus luta com o diabo, que lhe imola uma tão grande vítima, eles destroem nossa fé em Deus, pois nos provam com evidência que o diabo é o mais poderoso; e, por conseguinte, nós devemos respeitá-lo mais que a Deus, por causa de seu poder. O que mostra ainda mais esse poder do diabo é que nosso Salvador, tendo se encarnado para aniquilar o império da morte e para triunfar completamente sobre o diabo, pereceu, ao que parece, em um combate desigual, pois ele mesmo não evitou a morte, e ela continua a engolir o gênero humano: mas a força e o poder do diabo, com isso, não diminuíram; como antes, ele rodeia pelo mundo e seduz os infelizes homens com mais sucesso ainda, ao que

[112] Mat., XVIII, 11, 14.

parece, e submete suas vítimas às penas eternas, assim como o fazia antes da redenção.

Se nos objetam que os Pais da Igreja, sob a expressão: *aniquilou o império da morte*, compreendem a morte espiritual e não a do corpo, nós lhes perguntaremos então o que é a morte espiritual. O Espírito não é sujeito à morte, ele é imortal. Ora, se eles tomam a palavra *morte* em um sentido figurado, querendo dizer, por aí, que a alma condenada às penas eternas está morta para a felicidade suprema, nesse caso seria preciso compreender as palavras: *aniquilou o império da morte*, no sentido de que nosso Salvador por sua morte aniquilou as penas eternas, isto é, a morte espiritual; mas os Pais da Igreja mantêm fortemente as penas eternas e o diabo, e dizem: quem quer que creia em Deus e em Jesus Cristo, mas não creia no diabo e nas penas eternas, não é um cristão. Portanto, podemos deduzir disso que sua verdadeira opinião é que Jesus Cristo não aniquilou a morte espiritual.

No entanto, os Pais da Igreja encontram o meio de ver que tudo isso foi atingido por Jesus Cristo. Quanto a nós, admitimos humildemente nada compreender nessa explicação; vemos somente que ela não encerra senão um puro erro, assim como o demonstraremos mais tarde.

Eis a explicação dada na *Teologia dogmática* de Antônio:

> Jesus Cristo após sua morte realmente desceu com sua alma divina ao inferno, isto é, à morada de todos os trespassados desde a criação, onde, ligados pelos laços da morte, eles eram guardados pelo diabo, o rei da morte; isso se encontra expressamente afirmado pelo Apóstolo São Pedro, quando cita as palavras do Profeta Davi, e as relaciona a Jesus Cristo: *Tu não deixarás minha alma no inferno, e não permitirás que teu Santo prove a corrupção*[113]. São Pedro diz ainda claramente que Jesus Cristo *estando morto em sua carne, mas sendo ressuscitado pelo Espírito, pelo qual também ele foi pregar aos Espíritos que estavam retidos em prisão* etc.[114] Da mesma forma, o Apóstolo São Paulo testemunha: *que tendo subido ao alto, ele levou cati-*

[113] Atos, II, 27-32.
[114] I Pedro, III, 18, 19.

va uma multidão de cativos, e derramou seus dons sobre os homens. E por que é dito que ele subiu, se não porque ele descera antes às partes mais baixas da terra?[115]

Os resultados de sua descida ao inferno foram: A. sua vitória sobre o diabo no próprio domínio deste, e o aniquilamento de seu reino tenebroso, o que era indispensável ao restabelecimento do reino de Deus sobre a terra e para nossa salvação. Jesus Cristo mesmo fala dessa obra: É agora que o mundo vai ser julgado; é agora que o príncipe deste mundo vai ser lançado fora[116]. E o Apóstolo: *E tendo desarmado os principados e as potestades, levou-os altamente em triunfo em face de todo o mundo, após* tê-los vencido por sua cruz[117]. B. O triunfo sobre a morte, que retinha até esse dia todos os homens em seus laços, assim como fora profetizado pelo profeta Oseias: *Eu os libertarei do poder da morte, eu os resgatarei da morte. Ó morte, um dia eu serei tua morte; ó inferno, eu serei tua ruína*[118]! *A fim de destruir por sua morte*, diz o Apóstolo, *aquele que era o príncipe da morte, isto é, o diabo*[119]. O que se encontrou incontestavelmente confirmado pela ressurreição de muitos corpos de santos no momento da morte de nosso Salvador[120]. C. A pregação do Evangelho, e o avanço ao estado bem-aventurado dos justos do Antigo Testamento, assim como de todos os que esperavam e podiam compreender e aceitar a pregação divina, e que se encontraram dignos do reino de Deus: *Pois foi por isso que o Evangelho foi também pregado aos mortos, a fim de que tendo sido punidos diante dos homens segundo a carne, eles recebessem diante de Deus a vida do Espírito*[121]. (Antônio, *Teolog. dogm.*, p. 176.)

Por qual razão nós podemos, então, ver que o diabo esteja

[115] Efés., IV, 8, 9.
[116] João, XII, 31.
[117] Coloss., II, 15.
[118] Oseias, XIII, 14.
[119] Hebreus, II, 14.
[120] Mat., XXVII, 52.
[121] I Pedro, IV, 6.

realmente aterrado em seu próprio domínio, e que o reino das trevas esteja aniquilado? Vemos, ao contrário, que o mal reina sobre a terra como antes, e o próprio Antônio admite mais adiante que o diabo não está vencido, pois que ele diz, § 365:

> Após a consumação da última luta entre o reino do Cristo e o do Anticristo, e a *vitória decisiva* de Jesus Cristo *contra o diabo*, terá lugar a revelação da Igreja triunfante.

A primeira derrota, por conseguinte, não foi definitiva, o próprio reino das trevas permaneceu de pé, ele não foi aniquilado. Por que dizer que foi, então? Esse grosseiro erro dos Pais da Igreja não faz senão espalhar a incredulidade. E depois, em que consiste o triunfo contra a morte? E como, à hora da morte de Jesus Cristo, teve lugar a ressurreição dos corpos de muitos santos e o avanço ao estado bem-aventurado dos justos do Antigo Testamento, enquanto que os próprios Doutores da Igreja dizem que a ressurreição dos bons, assim como a dos maus, será geral no dia do julgamento último? Toda essa explicação, numa palavra, é obscura, confusa, forçada, nulamente satisfatória, ímpia, pois ela nos mostra Deus minucioso e impotente.

Dirijamo-nos de novo ao Espiritismo, e vejamos se ele não nos dará do dogma da redenção uma interpretação mais justa, mais lógica e mais de acordo com as perfeições de Deus.

O objetivo de cada Espírito criado é a perfeição. Para aí atingir, os Espíritos atravessam uma série de existências corporais durante as quais adquirem a experiência, o saber, e firmam seus sentimentos morais. Chegados a um certo grau de pureza moral, eles continuam a progredir no estado de Espírito. Quanto mais o Espírito é perfeito, mais ele se aproxima de Deus. Mas, como os Espíritos são dotados do livre arbítrio, a maior parte dentre eles se afastou do bom caminho. Esse afastamento arrasta após si calamidades sem número; pois, quanto mais o Espírito desviou do reto caminho, mais ele terá, para atingir a perfeição, existências corporais a suportar, sofrimentos e infelicidades, inseparáveis da vida terrestre, a aguentar. Mas Deus, como um bom pai que tem cuidado de seus filhos, sempre quis, em sua infinita clemência e sua inefável bondade, mostrar aos homens o caminho mais curto da salvação, e libertá-los, assim, de muitos sofrimentos aos quais eles se expõem voluntariamente em se afastando da boa via. Para isso, ajustando-se ao desenvolvimento moral e intelectual da humanidade, ele a instruiu primeiro por Moisés e os profetas. Mais tarde ele nos provou sua infinita bondade e seu amor imenso enviando sobre a terra Jesus Cristo, a fim de que ele nos ensinasse não somente a doutrina divina, mas ainda que nos mostrasse por seu próprio exemplo o caminho mais curto da salvação, e que nos libertasse, assim, de infelicidades inumeráveis que, em consequência de nossa cegueira, nós nos preparamos ao seguir a via do erro. Jesus Cristo nos demonstrou a vacuidade dos bens da terra, e nos provou que os homens que perseguem a felicidade terrestre não perseguem senão uma quimera, e que, em se afastando da verdadeira felicidade celeste, eles preparam para si, no porvir, provas ainda mais penosas que aquelas às quais já tinham sido submetidos sobre a terra, pois a existência terrestre é uma existência de provas e não de felicidade. Jesus Cristo, por seu próprio exemplo, mostrou aos homens como era preciso viver sobre a terra, assim como a resignação e a brandura com as quais eles deviam suportar os sofrimentos terrestres; ele lhes dizia: *Bem-aventurados os pobres de espírito, porque o reino dos céus é para eles. Bem-aventurados os que são brandos, porque possuirão a terra. Bem-aventurados os que choram, porque serão consolados*[122]. E ainda: *O que eu vos mando é amar-vos uns aos outros*[123]. Ele mostrava, assim, aos homens que os sofrimentos suportados com brandura e resignação, as boas obras e o amor para com seu próximo, eram o caminho mais curto da felicidade eterna; mas que aquele que não pensa senão no bem-estar terrestre, em sua própria satisfação, sufocando o sentimento de seu amor para com o próximo, distancia-se da felicidade eterna, e prepara para si, no porvir, as provas mais penosas. Examinai com atenção toda a existência de Jesus Cristo, e aí encontrareis um ensinamento para cada circunstância de vossa vida. A morte e a ressurreição de nosso Salvador nos demonstram claramente que nossa alma não

[122] Mat., v, 3-5.
[123] João, xv, 17.

morre, que após a morte do corpo o Espírito continua a viver e a agir. Dessa maneira, Jesus Cristo, em nos mostrando por seu exemplo o caminho mais curto para chegar à perfeição, libertou-nos de numerosas infelicidades que nossa cegueira preparava para nós.

Eis o verdadeiro sentido do dogma de nossa redenção. Essa explicação não rebaixa a dignidade de Deus, mas prova, ao contrário, sua misericórdia infinita e seu imenso amor pelo gênero humano.

Vejamos agora se essa explicação do dogma de nossa redenção concorda com as palavras de Jesus Cristo.

O objetivo de seu nascimento sobre a terra, assim como o provam suas palavras, foi nossa libertação: *Pois Deus não enviou seu Filho no mundo para julgar o mundo, mas a fim de que o mundo seja salvo por ele*[124]. - *Pois eu não vim para julgar o mundo, mas para salvar o mundo*[125]. - *O Filho do homem não veio para ser servido, mas para servir e dar sua vida pela redenção de muitos*[126].

Mas para nos resgatar e nos libertar de que? Jesus Cristo disse: *Pois isto é meu sangue, o sangue da nova aliança, que será derramado por muitos para a remissão dos pecados*[127]. - *Se alguém guarda minha palavra, não morrerá jamais*[128]. – Portanto, Jesus Cristo veio para resgatar nossos pecados e nos libertar da morte. Mas que pecados ele queria resgatar? Não são os do presente e do passado, que nós já tínhamos cometido, e que, por conseguinte, nós devíamos resgatar por nossos próprios sofrimentos, pois os sofrimentos de outro não nos purificam em nada de nossas faltas; a lei eterna é imutável: aquele mesmo que a transgride se expõe às consequências inevitáveis dessa infração, como está dito no livro da Sabedoria: *Cada um é atormentado pela mesma coisa pela qual peca*[129]. Por conseguinte, Jesus Cristo vinha não para nos resgatar de pecados passados, mas para nos libertar de faltas futuras, assim como dos sofrimentos sem fim que delas

[124] João, III, 17.
[125] João, XII, 47.
[126] Mat., XX, 28; Marcos, X, 45.
[127] Mat., XXVI, 28.
[128] João, VIII, 51.
[129] Sabedoria, XI, 17.

seriam a sequência, e aos quais nossa cegueira nos exporia.

De que maneira queria ele nos salvar? É o que nós podemos ver de acordo com suas palavras. Ele disse até três vezes: *Eu sou a luz do mundo*[130]; e depois: *Eu sou o caminho, a verdade e a vida*[131]. – *Pois eu vos dei o exemplo, a fim de que o que eu vos fiz, vós o façais também aos outros*[132]. – E o Apóstolo Pedro disse: *Uma vez que mesmo Jesus Cristo sofreu por nós, deixando-vos um exemplo, a fim de que vós andeis sobre seus passos*[133]. Assim, pois, ele veio nos esclarecer por sua doutrina e por seu exemplo; ele nos mostrou o que nós devemos fazer para atingir mais cedo a eterna felicidade, isto é, a perfeição e a imortalidade. Por isso, ele disse que deu sua alma para a libertação *de muitos* e não de todos; pois aquele que aproveitar seu exemplo será preservado de muitos pecados, e, por conseguinte, de muitos sofrimentos, e atingirá mais prontamente a perfeição, e, chegado à perfeição, não se exporá mais à morte, isto é, não estará mais submetido à reencarnação, e, por conseguinte, à morte. Mas, para aquele que não seguir seu divino exemplo, a redenção permanecerá sem efeito, e ele deverá culpar a si mesmo por não ter aproveitado a inefável clemência de Deus.

Eis as consequências de sua vinda: *Em verdade, em verdade eu vos digo, a hora vem, e ela já veio, em que os mortos ouvirão a voz do Filho de Deus, e aqueles que a ouvirem viverão*[134]. - *Não vos espanteis disto; pois o tempo vem em que todos aqueles que estão nos sepulcros ouvirão a voz do Filho de Deus. E aqueles que tiverem feito boas obras sairão dos túmulos para ressuscitar à vida; mas aqueles que as tiverem feito más, deles sairão para ressuscitar à sua condenação*[135]. - *Eu sou o pão vivo, que desci do céu. Se alguém come desse pão, viverá eternamente: e o pão que eu darei é minha carne que eu devo dar para a vida do mundo*[136]. - *Eu vim neste mundo para exercer um julgamento, a fim de que aqueles que não*

[130] João, VIII, 12; IX, 5; XII, 46.
[131] João, XIV, 6.
[132] João, XIII, 15.
[133] I Pedro, II, 21, 23.
[134] João, V, 25.
[135] João, V, 28, 29.
[136] João, VI, 50, 51.

veem vejam, e que aqueles que veem se tornem cegos[137]. - *Por mim, eu vim, a fim de que as ovelhas tenham a vida, e que a tenham abundantemente*[138]. - *É agora que o príncipe deste mundo vai ser lançado fora*[139]. - *E no tocante ao julgamento, porque o príncipe deste mundo já está julgado*[140]. - *Eu venci o mundo*[141].

Essas palavras de nosso Salvador exprimem que aqueles que seguiram sua doutrina viram; aqueles, ao contrário, que imaginam ver e ouvir não creram e permaneceram cegos, pois não viram a verdade de seu ensinamento; que o tempo se aproxima em que a terra deve chegar a um grau superior de perfeição, e em que o príncipe deste mundo, isto é, o mal, será expulso de cima da terra; só os bons Espíritos habitarão a terra, e não será mais permitido aos maus aí se encarnar – *e separarão os maus do meio dos justos*[142]; e estes, eles irão aos mundos inferiores, e então aqueles que morrerem sobre a terra nesta época ressuscitarão, isto é, reencarnar-se-ão: os maus como por punição nos mundos inferiores, e os bons sobre a terra, que não constituirá mais um mundo de aflições e de dores, mas um mundo de felicidade, uma vez que o mal será expulso da terra, sobre a qual *a justiça habitará*[143].

Ao mesmo tempo em que os Espíritos condenados desapareçam rapidamente da face da terra, eles serão substituídos por uma nova geração de Espíritos cujas crenças estarão fundadas sobre a moral evangélica, que o Espiritismo terá purificado das superstições e de todas as interpretações errôneas.

Nós assistimos já a esta transição predita por Jesus Cristo, prelúdio da renovação moral da terra, da qual o Espiritismo é o precursor.

---

[137] João, IX, 39.
[138] João, X, 10.
[139] João, XII, 31.
[140] João, XVI, 11.
[141] João, XVI, 33.
[142] Mat., XIII, 49.
[143] II Pedro, III, 13.

Do julgamento prévio

> Pois é fácil para Deus retribuir a cada um, no dia da morte, segundo seus caminhos.
>
> (SIRAC, XI, 26.)

Os Pais da Igreja ensinam

> que, logo após sua morte, cada homem é submetido a um julgamento prévio.

Mas como esse julgamento prévio se passa? As santas Escrituras, assim como diz Macário, em sua *Teologia dogmática*, não no-lo explicam. Mas o quadro desse julgamento, baseado principalmente sobre a tradição sagrada, encontra-se no ensinamento sobre as diferentes peregrinações (*telonia*) da alma após a morte, ensinamento que existe desde os tempos mais recuados na Igreja ortodoxa.

A essência desse ensinamento sobre essas peregrinações se encontra explicada nas palavras de Cirilo de Alexandria, a propósito da partida da alma; ele diz:

> Quando da separação de nossa alma de seu corpo, comparecerão diante de nós, de um lado o exército das forças celestes, do outro as potências do mal, os maus, senhores do universo, os inquiridores aéreos e os acusadores de nossas ações... Vendo-os, a alma será perturbada, agitada, e em sua consternação, em seu terror, ela procurará um refúgio perto dos anjos de Deus; mas, embora seja acolhida pe-

los santos Anjos e percorra sob sua proteção o espaço aéreo, a alma encontrará diferentes pontos de detenção (que se poderiam denominar barreiras ou alfândegas, onde se é obrigado a pagar impostos) que entravarão sua rota para o reino dos céus, paralisarão seus esforços para atingi-lo. Em cada uma dessas barreiras, ser-lhe-ão pedidas contas de certos pecados: na primeira, dos pecados realizados por meio da boca e da língua;... na segunda, por meio dos olhos;... na terceira, por meio do ouvido;... na quarta, por meio do olfato;... na quinta, de todas as iniquidades e vis ações realizadas por meio das mãos. Às etapas seguintes se relacionam os outros pecados, por exemplo: a maldade, o ódio, a inveja, o orgulho e a altivez,... numa palavra, todas as paixões da alma, e dessa maneira cada pecado terá seus inquiridores e seus acusadores... As Forças divinas e uma multidão de Espíritos impuros aí assistirão; as primeiras representarão as virtudes da alma; os segundos desmascararão os pecados cometidos por palavra, por ação, por pensamento ou intenção. A alma, encontrando-se no meio deles, sentir-se-á agitada pelo medo e o espanto até que, segundo suas ações e suas palavras, ela seja ou condenada e posta a ferros, ou justificada e libertada (pois cada um responderá por seus próprios pecados). E se, em consequência de uma boa e piedosa existência, ela é julgada digna, os anjos a retomarão sob sua proteção, e ela continuará sem medo seu curso para o reino dos céus acompanhada das Forças divinas. Se, ao contrário, ela passou sua vida na negligência e nos excessos, ouvirá estas terríveis palavras: *Não verá a majestade do Senhor*[144];... então os anjos de Deus a abandonarão, e ela será apreendida pelos horríveis demônios;... e a alma, atada por laços indissolúveis, será precipitada em uma região sombria e tenebrosa, aos infernos, nos subterrâneos estreitos e nas prisões infernais[145].

Macário acrescenta a isso:

[144] Isaías, XXVI, 10.

[145] Macário, *Teologia dogmática*, tomo II, § 250.

> Por conseguinte, essas peregrinações são simplesmente o julgamento prévio que Jesus Cristo faz invisivelmente e pelo intermédio dos anjos, aí admitindo também o *acusador de nossos irmãos*[146], os maus Espíritos, julgamento no qual todas as ações da alma lhe são recordadas, onde elas são imparcialmente pesadas diante dele, e após o qual sua sorte é fixada[147].

Mas esse julgamento não é ainda definitivo. A Igreja ortodoxa ensina que,

> embora nem os justos nem os culpados recebam a remuneração completa por seus atos antes do julgamento último, não é menos verdadeiro que nem todas as almas estão no mesmo estado nem são enviadas ao mesmo endereço. (*Confissão ortodoxa*, 1ª parte, resposta 61.)
>
> Nós cremos que as almas dos mortos gozam da felicidade ou que elas sofrem, segundo suas obras. Após a separação do corpo, elas passam à felicidade ou à mágoa e à aflição, sem provar, entretanto, nem o sofrimento nem a felicidade completos. Pois a felicidade completa e o sofrimento completo serão dados a cada um após a ressurreição geral, quando a alma se reunirá ao corpo, no qual ela tiver bem ou mal vivido. (*Epístola dos Patriarcas da Igreja orient. sobre a relig. ortod.*, art. 18.)
>
> A Igreja ortodoxa, explicando que, após sua morte e o julgamento prévio pronunciado sobre eles, todos os pecadores se retiram aos infernos, lugar de sofrimentos e de penas, reconhece ao mesmo tempo que todos aqueles que se arrependeram antes da cessação da vida atual, mas que não tiveram o tempo de pôr seu arrependimento em execução pela prece, pela contrição, pelo alívio dos pobres, e pela expressão de seu amor por Deus e seu próximo em seus atos, têm ainda a possibilidade de atenuar os sofrimentos que aguentam, e mesmo de ser libertos do inferno. Não são os méritos nem o arrependimento do pecador que lhe proporcionam o meio

[146] Apocal., XII, 10.
[147] Macário, *Teologia dogmática*, tomo II, página 405.

> dessa libertação (pois, após a morte e o julgamento prévio, não há mais lugar para o arrependimento e o mérito), mas a clemência infinita de Deus, as preces da Igreja e as obras caridosas realizadas pelos vivos em nome dos mortos... Por conseguinte, todos os que morrem com um arrependimento sincero, mesmo os que cometeram pecados mortais durante sua vida, e com mais forte razão os que não os cometeram, pertencem ao número daqueles pelos quais nos é prescrito orar. Os que morreram no pecado, na impenitência e fora da Igreja, são os únicos que são julgados indignos de suas preces. Está dito que nossas preces por nosso próximo podem em geral lhe ser benfazejas, mesmo em relação à moral (II Tess. 1:11,12; Ef. 6:18,19)... Embora nós não compreendamos de que maneira nossas preces podem agir sobre eles quando são ainda deste mundo, não é menos verdadeiro que elas lhes são salutares e eficazes. Da mesma forma, não concebendo, tampouco, como agem nossas preces sobre nossos irmãos mortos com uma sincera penitência, nós não temos o direito de duvidar da eficácia e da força salutar dessas preces por eles[148].

Assim, os Pais da Igreja ensinam que os homens são submetidos a dois julgamentos: um prévio, particular, à parte para cada indivíduo e logo após sua morte; o outro definitivo, geral para todos os homens e no último dia do mundo. Mas, uma vez que as santas Escrituras não explicam como se faz o julgamento prévio, os Pais da Igreja, baseando-se sobre as tradições, representaram-no sob a forma de peregrinações. Eles dizem ao mesmo tempo que a alma, embora passando logo após a morte à felicidade ou ao sofrimento, segundo suas obras, não experimenta, entretanto, nem uma felicidade completa, nem sofrimentos completos.

Nós perguntamos o que é esse estado indefinido; por que o Juiz supremo tarda em remunerar cada um segundo suas obras, tanto mais que os Pais da Igreja afirmam que não há mais penitência e méritos após a morte? Essa opinião não é conforme nem à justiça nem à clemência de Deus. Após uma

[148] Macário, *Teologia dogmática*, tomo II, § 258.

existência virtuosa que mereceria a felicidade, por que se estaria privado desta recompensa pelo intervalo de muitos milhares de séculos talvez? Por que uma parte da felicidade merecida nos seria retida? Não é senão sobre a terra que se retém de um funcionário o décimo da soma concedida como gratificação. Mas é a insuficiência dos meios que faz agirem assim os homens; quanto a Deus, o déficit lhe é impossível. Deus o faria em vista de produzir efeito e a fim de poder, no último dia, em presença de todo o gênero humano, distribuir as recompensas e pronunciar a condenação dos pecadores? Mas de que isso serviria? Qual seria o objetivo desse exemplo, e quem poderia aproveitá-lo, os pecadores sendo então condenados irrevogavelmente, e os bons recompensados da mesma maneira?

Examinemos agora esse estado indefinido de outro ponto de vista. O que é a beatitude? Um certo grau de perfeição. Por conseguinte, como se fará que eu não goze completamente do grau de perfeição que eu tiver atingido? Seria preciso para isso enfraquecer as virtudes e os conhecimentos que eu tiver adquirido, ou bem remover de minha alma a consciência de si mesma: mas os Pais da Igreja asseguram que a alma se agita e que seus pensamentos a perturbam em suas peregrinações; nesse caso, deve-se concluir que ela pensa e que se reconhece. E, aliás, o que são essas peregrinações? São antes um poema falho que a realidade. É possível que com a ajuda do bom senso se possam representar relações tão íntimas entre os anjos e os diabos? O que são os demônios? São, de acordo com as palavras dos Apóstolos, *os anjos que pecaram e que estão precipitados no abismo onde as trevas lhes servem de cadeias, para serem atormentados e mantidos como em reserva até o julgamento*[149]. Os Pais da Igreja, ao contrário, no-los mostram como seres que por sua revolta triunfaram sobre Deus, sobre suas leis eternas, e sobre seu poder, e que formaram uma espécie de reino isolado e tenebroso, e de uma força tão grande que Deus luta contra eles há milhares de séculos, sem poder superá-los, malgrado sua onipotência; o sacrifício mesmo de seu Filho único não pôde enfraquecer sua força. Onde

[149] II Pedro, II, 4; Judas, 6.

está, então, depois disso, a onipotência de Deus? É aflitivo ver sob que triste aspecto os Doutores da Igreja nos representam Deus, o Ser clementíssimo, justíssimo e perfeitíssimo! O que são todos esses acusadores e esses inquisidores? Os acusadores e os inquisidores são nossa própria consciência, e a consequência inevitável da transgressão das leis eternas. Cada violação de uma lei eterna arrasta após si um sentimento desagradável; quanto mais a violação é grave, mais o sentimento provado é penoso e doloroso. Se comeis muito, sentis um peso no estômago, sensação desagradável; se comeis demais, sentis dores; mas se comestes além da medida, morreis. Não podeis crer um instante que Deus tenha punido vossa glutonaria pela morte. Não foi Deus, mas fostes vós mesmos quem vos punistes em violando a lei eterna da temperança. Dá-se com as leis morais como com as leis físicas: se sois ávidos de dinheiro, fazeis todo o vosso possível para dele amontoar mais, todos os meios vos parecem bons, todo sentimento de justiça, de amor e de caridade está sufocado em vós; assim, violando a lei eterna de moderação por vossa avidez, violais também a lei do amor, a lei da caridade, a lei da justiça, e talvez muitas outras ainda, e, por conseguinte, submetei-vos necessariamente às consequências dessas violações. Há necessidade, depois disso, de inquisidores, de acusadores, de testemunhas e de juízes? Vós vos condenais, pela violação mesma de uma lei, às consequências inevitáveis dessa violação. Se vos lançais do terceiro andar sobre a calçada, tereis, sem o socorro de acusadores e juízes, o crânio fraturado.

O Espiritismo nos mostra que, quando a alma após a morte está liberta do corpo grosseiro, e entrou no mundo dos Espíritos, mundo que se encontra ao nosso lado, ela não se reconhece logo em seguida, mas que, semelhante a um homem que desperta de um profundo sono, ela está na perturbação. À medida que sua perturbação se dissipa, a consciência e a memória lhe voltam; pouco a pouco se desenrolam diante dela todas as ações, não somente de sua última encarnação terrestre, mas ainda de todas as suas existências precedentes, e, segundo ela agiu bem ou mal, sente uma sensação agradável ou dolorosa. Se ela reconhece suas faltas, e que se arrependa sinceramente, Deus, como um Pai que toma um cuidado paternal de seus filhos, estende sobre ela sua clemência, e lhe concede o meio de se reencarnar, a fim de que ela possa nesta outra existência corporal suportar novas provas e resgatar suas faltas passadas. Dessa maneira ela atravessa inumeráveis existências corporais, corrigindo-se pouco a pouco de seus defeitos e se fortalecendo em suas virtudes. Ela chega, enfim, ao estado de anjo, isto é, ao estado de espírito superior, no qual ela continua seu aperfeiçoamento ulterior. Quanto às outras almas que, em consequência de seu grau inferior de perfeição, não reconhecem suas faltas, e, por conseguinte, não se arrependem, elas continuam, após sua morte, a se encontrar em seu estado doloroso, até o momento em que a centelha do arrependimento vem esclarecê-las. É para elas, sobretudo, que as preces dos vivos são necessárias, e, entretanto, a Igreja nos proíbe precisamente de orar por elas, afirmando que essa prece por nossos irmãos é desagradável a Deus e lhes é inútil. Os Pais da Igreja fundam a interdição dessa prece sobre as palavras de Jesus Cristo: *E quem quer que tenha falado contra o Filho do Homem, ser-lhe-á remido; mas, se alguém falou contra o Santo Espírito, não lhe será remido nem neste século, nem no século por vir*[150]; e sobre as palavras de João: *Se alguém vê seu irmão cometer um pecado que não vai para a morte, que ore; e Deus dará a vida a esse pecador, se esse pecado não vai para a morte. Mas há um pecado que vai para a morte; e não é por este pecado que eu vos digo para orar*[151].

Essa proibição provém também de que nossos Doutores não compreendem (eles mesmos o admitem) como nossas preces podem agir sobre nossos irmãos mortos ou vivos, e que eles creem na eficácia das preces, como o dizem eles mesmos, somente porque não se creem no direito de duvidar disso[152].

O Espiritismo resolve essa incerteza dos Pais da Igreja, e muda, por suas explicações, em uma fé raciocinada sua fé cega na prece.

O Espírito, libertando-se do corpo material e grosseiro,

[150] Mat., XII, 32.
[151] Ep. 1; João, v, 16.
[152] Macário, *Teologia dogmática*, tomo II, página 451.

conserva todas as suas aptidões, uma vez que elas são o atributo do Espírito e não do corpo; durante sua existência corporal, as sensações lhe são transmitidas por seus órgãos, por conseguinte, enfraquecidas pelos órgãos materiais; mas, no estado de Espírito, ele os recebe imediatamente por todo o seu ser, por isso as sensações do Espírito são bem mais fortes que as do Espírito encarnado. O homem no infortúnio é feliz com o interesse que se tem por ele; esse interesse parece abrandar seus sofrimentos pelo sentimento agradável que excita nele. A misericórdia divina não deixa jamais o Espírito na ignorância das preces que são feitas em sua intenção e que lhe provam que existem sobre a terra seres que se interessam por ele; e posto que o Espírito é mais impressionável que o encarnado, o interesse que se lhe testemunha o impressiona mais, desperta nele um sentimento consolador que suscita um movimento de reconhecimento para com esse amigo, e o reconhecimento faz nascer o arrependimento. Uma vez que o arrependimento aflorou seu coração, Deus, em sua clemência, envia-lhe a ajuda dos bons Espíritos, que o sustentam em suas boas intenções. Ele reconhece, enfim, suas faltas, implora uma nova encarnação para resgatá-las, e Deus, como Pai caridoso, atende seu desejo. É assim que age nossa prece sobre os Espíritos. Perguntemos agora se é justo, da parte dos Pais da Igreja, não orarem eles mesmos, e proibirem aos outros a prece pelos grandes pecadores? O que eles fizeram deste mandamento de nosso Salvador: Ama teu próximo, não calunies teu irmão? Se eles aceitam de uma maneira tão literal as palavras de Jesus Cristo, de que a calúnia contra o Santo Espírito não será remida nem neste século, nem no século por vir, nesse caso, por que eles isentam dessa condenação aqueles desses culpados que se arrependeram antes de sua morte? Isso já seria contrário às palavras de nosso Salvador. E depois, o que é a calúnia contra o Santo Espírito? Cada murmúrio constitui já uma calúnia; encontrareis um só homem sobre a terra que disso se tenha abstido? O próprio Jesus Cristo no momento de sua morte exclamava: *Meu Deus, meu Deus, por que me abandonastes?*[153] – Não empreenderemos

[153] Mat., XXVII, 46.

explicar o verdadeiro sentido das passagens citadas mais acima: *Quem quer que tenha falado contra o Filho do Homem, ser-lhe-á remido; mas se alguém falou contra o Santo Espírito, não lhe será remido nem neste século, nem no século por vir*; mas nós estamos convencidos de que não devem ser tomadas à letra; elas podem significar antes que seria ainda perdoável não crer em Jesus Cristo, isto é, no Filho do Homem, pois ele nasceu de um homem, mas não lhe será perdoado neste século, nem no século por vir, o não crer no Santo Espírito. De outro modo, essas palavras estariam em contradição com o resto de sua doutrina. Como os Pais da Igreja nos proíbem de orar pelos caluniadores do Santo Espírito, e como quase todos os homens se tornaram culpados para com ele, não lhe restaria quase um só homem pelo qual nós poderíamos orar e deveríamos amar. Então por que Jesus Cristo nos teria prescrito amar nosso próximo como a nós mesmos, e por que teria dito: *Assim, vosso Pai, que está nos céus, não quer que um só desses pequeninos pereça*[154]? Segue-se daí que devemos tomar essas palavras figuradamente e não literalmente.

Os Pais da Igreja dizem que os pecadores que se arrependeram antes de sua separação do corpo, sem ter tido, todavia, o tempo de pôr seu arrependimento em execução pela prece etc., têm ainda o meio de atenuar os sofrimentos que aguentam e mesmo de ser libertos dos laços do inferno. E, entretanto, São Gregório, o teólogo, falando da morte do imperador Constâncio, faz a nota de que ele deixou este mundo *após ter em vão se arrependido no seu último suspiro*[155]. Como o arrependimento do imperador Constâncio pôde ser vão? O arrependimento não é, então, uma penitência? E minha prece fervorosa não será atendida somente porque eu não terei feito o sinal da cruz? Não, Deus receberá minha prece, porque ele pede sentimentos e não formas.

Segue-se daí que cada homem ao morrer é remunerado segundo suas obras, e que sua alma ou seu Espírito não permanece em um estado indefinido, mas sente sensações positivas e reais. Sem falar que esse estado não é definitivo por toda a eternidade; seu Espírito continua a viver, a sentir, a agir e

[154] Mat., XVIII, 14.

[155] Panegírico XXII de Atanásio, o Grande, nos *Escritos dos santos Pais*, II, 200.

a tender à perfeição; pois a perfeição é o objetivo de cada Espírito criado. Chamai, se o quiserdes, essa remuneração das obras pelo nome de julgamento particular ou prévio. Quanto ao julgamento último, o julgamento geral, disso falaremos no artigo seguinte.

Do julgamento último

> Mas alguém me dirá: De que maneira os mortos ressuscitarão, e qual será o corpo no qual retornarão? Insensatos que sois, não vedes que o que semeais não retoma vida se não morre antes?... Acontecerá o mesmo na ressurreição dos mortos... É enterrado como um corpo animal, e ressuscitará como um corpo espiritual... Eu quero dizer, meus irmãos, que a carne e o sangue não podem possuir o reino de Deus.
>
> (I Cor., xv, 35, 36, 42, 44, 50.)

Os Pais da Igreja dizem que

> o julgamento prévio, ao qual é submetido cada homem após sua morte, não é completo nem definitivo... Só a alma aí recebe sua remuneração, mas o corpo aí não toma nenhuma parte, embora tenha partilhado com ela as boas e as más ações. Após o julgamento prévio não há, para os justos no céu e para os culpados no inferno, senão as primícias da felicidade e dos tormentos que eles mereceram. Enfim, é ainda possível para alguns pecadores melhorar sua sorte, e mesmo se libertar dos laços do inferno... Mas haverá um dia, o último dia, para todo o gênero humano, como houve um último dia para cada mortal separadamente, pois Jesus Cristo disse: *Ora, a vontade de meu Pai que me enviou é que eu não perca nenhum de todos aqueles que ele*

me deu; mas que eu os ressuscite todos no último dia. A vontade de meu Pai que me enviou é que quem quer que veja o Filho, e creia nele, tenha a vida eterna, e eu o ressuscitarei no último dia[156]. É o fim do mundo[157]. Da mesma forma que para o homem chega o dia da morte, assim chegará *um dia sentenciado por Deus, no qual ele deve julgar o mundo segundo a justiça*[158], isto é, dar um julgamento público e decisivo... Não se sabe quando virá este dia; mas Deus indicou muitos sinais do fim do mundo, dos quais eis os principais:

1. De um lado, os progressos extraordinários do bem sobre a terra e a propagação do Evangelho em todo o universo: *O Evangelho do reino pregado em toda a terra para servir de testemunho a todas as nações; e é então que o fim chegará*[159], disse nosso próprio Salvador. Não haverá mais um canto da terra onde a pregação do Evangelho não penetre; um só povo, uma tribo, que não ouça as palavras da libertação.

2. De outro lado, os progressos extraordinários do mal e o aparecimento do Anticristo sobre a terra: *Ora, sabei*, diz São Paulo, *que nos últimos dias virão tempos lastimáveis. Pois haverá homens amantes de si mesmos, avarentos, gloriosos, soberbos, maledicentes, desobedientes a seus pais e a suas mães, ingratos, ímpios, desnaturados, inimigos da paz, caluniadores, intemperantes, desumanos, sem afeição pelas pessoas de bem: traidores, insolentes, inflados de orgulho, e mais amantes da volúpia que de Deus; que terão uma aparência de piedade, mas que arruinarão a verdade e o espírito*[160]. O Espírito do mal pressentirá a aproximação de sua ruína, e tentará por todos os meios e por todas as sortes de armadilhas reagir contra o progresso do Evangelho, a fim de que *alguns abandonem a fé, seguindo espíritos de erros e doutrinas diabólicas*[161]; isso irá até que o Filho do homem venha:

[156] João, VI, 39, 40.
[157] Mat., XIII, 39.
[158] Atos dos Apóstolos, XVII, 31.
[159] Mat., XXIV, 14.
[160] II Timót., III, 1, 5.
[161] I Timót., IV, 1-3.

Mas, quando o Filho do homem vier, pensais que ele encontrará a fé sobre a terra?[162] *E, porque a iniquidade abundará, a caridade de muitos se resfriará*[163]. Não se contentando com seus próprios meios ordinários, o diabo encontrará então, com a permissão de Deus[164], um instrumento poderoso na pessoa do Anticristo, a fim de lutar com sua ajuda contra o reino de Jesus Cristo.

Há nas santas Escrituras um ensinamento direto e assaz claro deste Anticristo, de sua natureza e de suas ações; aí encontramos também alusões e profecias misteriosas, cujo sentido é inacessível, e sobre as quais não existiram de todo tempo senão opiniões particulares dos Doutores da Igreja.

1. Segundo o ensinamento direto a propósito do Anticristo, definido, sobretudo, na segunda epístola aos Tessalonicenses (cap. II), vê-se:

A. Que ele será uma pessoa determinada; a saber: um homem, mas um homem de pecado, o inspirado de Satã. *Aparecerá*, diz São Paulo, *o homem de pecado, este filho de perdição... este ímpio que deve vir acompanhado do poder de Satã*[165]. Por isso, os Pais da Igreja reconhecem unanimemente o Anticristo por um ser definido e por um homem. Quanto às suas relações com o diabo, uns supuseram que o Anticristo será filho ou nascido de Satã; uns, que Satã se estabeleceria nele e usaria de sua pessoa como de um instrumento, agindo nele de si mesmo; os terceiros, que Satã se encarnaria diretamente na pessoa do Anticristo.

B. Que, em consequência de seu caráter, ele se distinguirá por um orgulho extraordinário e se fará passar por Deus: *Este inimigo de Deus, que se elevará acima de tudo o que é chamado Deus, ou que é adorado, até se assentar no templo de Deus, querendo ele mesmo passar por Deus*[166].

C. Que, para atingir seu objetivo, ele ensinará uma doutrina de erros, contrária à religião salutar de

[162] Lucas, XVIII, 8.
[163] Mat., XXIV, 12.
[164] II Tess., II, 11.
[165] II Tess., II, 3, 8, 9.
[166] II Tess., II, 4.

Jesus Cristo, uma doutrina sedutora, que arrastará muitas pessoas fracas e indignas. Seu advento coincidirá *com todas as ilusões que podem levar à iniquidade aqueles que perecem, porque não receberam e amaram a verdade para ser salvos. É por isso que Deus lhes enviará ilusões tão eficazes que eles crerão na mentira, a fim de que todos os que não creram na verdade, mas que consentiram com a iniquidade, sejam condenados*[167].

D. Que, para confirmar sua doutrina e seduzir cada vez mais os homens, ele realizará falsos sinais e falsos prodígios: *Sua vinda (será) acompanhada do poder de Satã, com todas as sortes de milagres, de sinais e de prodígios enganadores*[168].

E. Enfim, que ele perecerá pela ação de Jesus Cristo, nosso Salvador, quando este vier julgar os vivos e os mortos: *E então se descobrirá o ímpio, que o Senhor Jesus destruirá pelo sopro de sua boca, e que extinguirá pelo resplendor de sua presença*[169].

2. De acordo com certas alusões das santas Escrituras, e de acordo com profecias misteriosas sobre o Anticristo, tinha-se a seu respeito, desde os tempos mais recuados, a opinião de:

A. Que ele descenderá da tribo de Dã. Deduzia-se isso das palavras do patriarca Jacó: *Que Dã se torne como uma serpente no caminho*[170]; das palavras de Jeremias: *O barulho da cavalaria do inimigo já se ouve de Dã*[171]; e, sobretudo, de que, no Apocalipse (c. VII), na contagem de todas as tribos dos filhos de Israel, nas quais cada uma teve doze mil homens marcados pelo Anjo, não está absolutamente em questão a tribo de Dã.

B. Que ele será o mais poderoso dos soberanos, que se apoderará do poder pela força, e estenderá sua influência sobre todas as nações. Pois o profeta Daniel diz: *O rei agirá segundo lhe aprouver: ele se elevará e trará o fausto de seu orgulho contra todo Deus*[172]; e no Apocalipse: *E o dragão lhe deu sua*

[167] II Tess., II, 10-12.
[168] II Tess., II, 9.
[169] II Tess., II, 8.
[170] Gênesis, XLIX, 17.
[171] Jeremias, VIII. 16.
[172] Daniel, XI, 36; VII, 24.

força e seu grande poder,... e o poder lhe foi dado sobre os homens de toda tribo, de todo povo, de toda língua e de toda nação[173].

C. Que ele perseguirá os cristãos e exigirá que todos o adorem, que arrastará a muitos, e que fará morrer aqueles que não o seguirem. *Foi-lhe dado o poder de fazer a guerra aos santos, e de vencê-los*[174]. *E ele (seu poder) foi adorado por todos os que habitam sobre a terra, cujos nomes não estavam escritos desde a criação do mundo no livro da vida do Cordeiro que foi imolado... E lhe foi dado o poder de animar a imagem da besta, de sorte que essa imagem falasse, e de fazer morrer todos os que não adorassem a imagem da besta*[175].

D. Que Deus, para reagir contra o Anticristo, enviará duas testemunhas do céu que, assim como é dito no Apocalipse, *profetizarão a verdade, realização milagres; após ter acabado de dar seu testemunho, elas serão mortas pela besta, e ressuscitarão três dias e meio depois, e subirão ao céu*[176]. Alguns conjecturam que estas duas testemunhas serão Enoque (segundo Sirac 44:16) e Elias, o Tesbita (segundo Malaquias 4:5; Sirac 48:9,10).

E. Que a soberania do Anticristo não durará senão três anos e meio. É dito no livro do profeta Daniel: *E eles serão entregues em suas mãos por até um tempo, dois tempos, e a metade de um tempo*[177]; e no Apocalipse: *E o poder lhe foi dado de fazer a guerra durante quarenta e dois meses..... E eles calcarão aos pés a cidade santa durante quarenta e dois meses*[178]. Aí é dito ainda, a propósito das duas testemunhas que Deus enviará para reagir contra o Anticristo: *Que profetizarão durante mil, duzentos e sessenta dias*[179]; e a propósito da mulher revestida do sol (isto é, da Igreja), é dito *que ela foge da besta no deserto, onde tinha um lugar que Deus lhe preparara, a fim de que aí se nutrisse durante mil,*

[173] Apocalipse, XIII, 2, 7.
[174] Apocalipse, XIII, 7; Daniel, VII, 21.
[175] Apocalipse, XIII, 8, 15.
[176] Apocalipse, XI, 3-12.
[177] Daniel, VII, 25; XII, 7.
[178] Apocalipse, XIII, 5; XI, 2.
[179] Apocalipse, XI, 3.

duzentos e sessenta dias[180]; e efetivamente *ela aí foi nutrida um tempo, dois tempos, e a metade de um tempo, fora da presença da serpente*[181].

A ação do Anticristo se fará sentir sobre a terra até o dia mesmo do julgamento último. No dia supremo terão lugar os grandes acontecimentos seguintes: *O Deus Juiz dos vivos e dos mortos descerá do céu*[182]; *destruirá o Anticristo por sua chegada*[183]; *os mortos ouvirão sua voz e ressuscitarão para o julgamento*[184], *e os vivos se transformarão*[185], uns e outros e todo o mundo em geral *será julgado*[186]; *o fim do mundo*[187], *e o reino salutar do Cristo*[188], chegarão.

A autenticidade deste segundo advento do Senhor sobre a terra está claramente demonstrada nas santas Escrituras. Ele mesmo o diz: *Pois o Filho do homem deve vir na glória de seu Pai com seus Anjos; e então restituirá a cada um segundo suas obras*[189]; ele falou disso muitas vezes, expondo mesmo circunstâncias detalhadas de seu advento[190]. Os Anjos aparecidos aos Apóstolos no momento da ascensão do Senhor lhes anunciaram: *Este Jesus, que, separando-se de vós, elevou-se ao céu, virá da mesma maneira que vós aí o vistes subir*[191]. O Apóstolo Judas nos cita em sua epístola a profecia de Enoque, o sétimo profeta depois de Adão: *Eis o Senhor que vai vir com uma multidão inumerável de seus santos, para exercer seu julgamento sobre todos os homens, e para convencer todos os ímpios de todas as ações de impiedades que eles cometeram, e de todas as palavras injuriosas que esses pecadores ímpios profeririam contra*

[180] Apocalipse, XII, 6.
[181] Apocalipse, XII, 14.
[182] Lucas, XVII, 24; I Cor., I, 8.
[183] II Tess., II, 8.
[184] João, V, 25; VI, 54.
[185] I Cor., XV, 51, 52.
[186] João, XII, 48; Rom., II, 5, 6.
[187] Mat., XIII, 39.
[188] I Cor., XV, 24.
[189] Mat., XVI, 27.
[190] Mat., XXIV, 27-30; XXV, 31-42; Marcos, VIII, 38; Lucas, XII, 40; XVII, 24; João, XIV, 3.
[191] Atos, I, 11.

ele[192].

Eis em que termos o Senhor nos pinta a imagem de seu segundo advento:

A. Será rápido e inesperado: *Pois, como um relâmpago que sai do oriente aparece de um golpe até o ocidente, assim será o advento do Filho do homem*[193], *e acontecerá no advento do Filho do homem o que aconteceu no tempo de Noé*[194].

B. Antes de tudo, como precursora do Juiz supremo, sua cruz aparecerá no céu: *Então o sinal do Filho do homem aparecerá no céu, e todos os povos da terra estarão em choros e em gemidos*[195].

C. Logo após isso, os homens verão descer o próprio Juiz sobre as nuvens do céu, rodeado de uma inumerável quantidade de anjos: *E eles verão o Filho do homem que virá sobre as nuvens do céu com um grande poder e uma grande majestade*[196], *acompanhado dos santos anjos*[197].

Neste último dia[198], e ao mesmo tempo em que o Senhor rodeado de seus anjos tiver descido sobre a terra, *ele enviará seus anjos, que farão ouvir a voz retumbante de suas trombetas*[199], *e os mortos ouvirão a voz do Filho de Deus*[200]: *pois, logo que o sinal tiver sido dado pela voz do Arcanjo, e pelo som da trombeta de Deus, o próprio Senhor descerá do céu, e os que estiverem mortos em Jesus Cristo ressuscitarão primeiro. Depois, nós outros que estivermos vivos.... seremos mudados*[201].

No que concerne à ressurreição dos mortos, é uma verdade que o próprio Jesus Cristo atesta e confirma, com evidência, quando dá esta resposta a Marta: *Eu sou a ressurreição e a vida: aquele que crê em mim, ainda que esteja morto, viverá*[202]; quando diz em duas ocasiões diante de todos os Judeus:

[192] Judas, 14, 15.
[193] Mat., XXIV, 27, Lucas, XVII, 24.
[194] Mat., XXIV, 27.
[195] Mat., XXIV, 30.
[196] Mat., XXIV, 30.
[197] Marcos, VIII, 38.
[198] João, VI, 40, 44.
[199] Mat., XXIV, 31.
[200] João, V, 25.
[201] I Tess., IV, 16, 17; I Cor., XV, 52.
[202] João, XI, 25.

Em verdade, em verdade eu vos digo, a hora vem, e ela já veio, em que os mortos ouvirão a voz do Filho de Deus, e os que a ouvirem viverão; e depois: *Pois o tempo vem, em que todos os que estão nos sepulcros ouvirão a voz do Filho de Deus, e os que tiverem feito boas obras sairão dos túmulos para ressuscitar à vida; mas os que delas tiverem feito más deles sairão para ressuscitar à sua condenação*[203].

A possibilidade da ressurreição dos mortos não deve, tampouco, ser duvidosa.

Jesus Cristo a demonstrava por suas palavras e por suas ações. Por suas palavras, quando diz aos Saduceus, que negavam a ressurreição dos mortos: *Vós estais no erro, não compreendendo as Escrituras, nem o poder de Deus*[204]; e com mais precisão ainda quando, explicando as virtudes do mistério da Eucaristia, acrescentava: *Aquele que come minha carne e bebe meu sangue tem a vida eterna, e eu o ressuscitarei no último dia... e ele viverá também por mim*[205]. Demonstrava-a também por suas ações, ressuscitando os mortos durante sua passagem sobre a terra[206], e também ressuscitando, no momento de sua morte e por um poder invisível, os corpos de muitos santos de Jerusalém[207], e, enfim, por sua própria ressurreição.

Os santos Pais e os Doutores da Igreja afirmam que a ressurreição de nosso corpo é exigida pela justiça e pela sabedoria de Deus. Pela justiça, pois o corpo humano participa das boas e das más ações da alma; por isso, deve ele em toda justiça participar de suas recompensas e de suas penas eternas. Por sua sabedoria, uma vez que Deus criou o homem de duas partes distintas, do corpo e da alma, de sorte que ele chegue à sua predestinação sob esta forma; por conseguinte, a sabedoria de Deus não seria justificada se o corpo do homem, após sua separação da alma, não voltasse cedo ou tarde a se

[203] João, v, 25, 28, 29.
[204] Mat., xxii, 29.
[205] João, vi, 54-57.
[206] Lucas, vii, 14; viii, 49; João, xi, 44.
[207] Mat., xxvii, 52, 53.

reunir a ela para formar um homem completo.

A ressurreição dos mortos será geral e simultânea, isto é: A. Todos os homens serão ressuscitados: *Pois, como todos morrem em Adão, todos reviverão também em Jesus Cristo*[208]; B. Não somente os justos, mas também os pecadores: *Que todos os homens justos e injustos ressuscitarão um dia*[209]; C. Os justos e os injustos ressuscitarão em conjunto: *Pois o tempo vem em que todos os que estão nos sepulcros ouvirão a voz do Filho de Deus. E os que tiverem feito boas obras sairão dos túmulos para ressuscitar à vida; mas os que delas tiverem feito más sairão para ressuscitar à sua condenação*[210].

Por sua essência, os corpos ressuscitados:

1. Serão essencialmente os mesmos que os que estiveram unidos às almas durante sua vida terrestre. Isso é evidente: A. Pela ideia mesma da ressurreição, que exprime a restauração, a reanimação do que estava morto, e não a formação ou a criação de uma coisa nova. B. Pelo exemplo de Jesus Cristo ressuscitado com seu próprio corpo[211]; C. Pelas passagens claras das santas Escrituras, onde é dito que são precisamente *os que estão nos sepulcros que ressuscitarão à voz do Filho de Deus*[212]: *pois é preciso que este corpo corruptível seja revestido da incorruptibilidade, e que este corpo mortal seja revestido da imortalidade*[213]. D. E pelo ensinamento constante e unânime dos santos Pais e dos Doutores da Igreja.

2. Mas, entretanto, eles serão diferentes dos corpos atuais, porque ressuscitarão transformados, a exemplo de Jesus Cristo, *que*, como o diz o Apóstolo, *transformará nosso corpo, todo vil e abjeto que é, a fim de torná-lo conforme ao seu corpo glorioso*[214]. Essa diferença dos corpos é assim expressa por São Paulo: *O corpo, como uma semente, é agora enterrado pleno de corrupção, e ressuscitará*

[208] I Cor., xv, 22.
[209] Atos, xxiv, 15.
[210] João, v, 28, 29.
[211] João, xx, 25-27.
[212] João, v, 28.
[213] I Cor., xv, 53.
[214] Fil., iii, 21.

incorruptível. É enterrado todo disforme, e ressuscitará todo glorioso. É enterrado privado de movimento, e ressuscitará pleno de vigor. É enterrado como um corpo animal, e ressuscitará como um corpo espiritual[215].

É indispensável fazer notar que hoje nos é impossível definir exatamente todas as propriedades dos corpos após a ressurreição, embora nós as tenhamos descoberto nas santas Escrituras. Os antigos e os célebres Doutores da Igreja confessavam igualmente sua impossibilidade a este respeito.

Depois de nos ter desvelado, tanto quanto isso podia nos ser útil e necessário, o mistério da ressurreição futura dos mortos, São Paulo nos revela um outro concernente aos que permanecerem vivos até o segundo advento de Jesus Cristo: *Eis um mistério que eu vou vos dizer*, escrevia aos Coríntios, seus discípulos, aos quais acabava de explicar a doutrina da ressurreição, *nós não morreremos todos, mas seremos todos mudados, em um momento, em um piscar de olhos, ao som da última trombeta; pois a trombeta soará, os mortos então ressuscitarão em um estado incorruptível, e nós seremos mudados. Pois é preciso que este corpo corruptível seja revestido da incorruptibilidade, e que este corpo mortal seja revestido da imortalidade*[216]. Essas palavras contêm, malgrado sua brevidade, três verdades evidentes:

1. A mudança dos vivos se realizará no último dia tão rapidamente quanto a ressurreição dos mortos: *Em um piscar de olhos, ao som da última trombeta*.

2. A mudança dos vivos acontecerá pela mesma causa, à voz mesma todo-poderosa do Cristo, à voz do qual ressuscitarão os mortos no momento mesmo e não antes: *A trombeta soará, os mortos então ressuscitarão em um estado incorruptível, e nós seremos mudados*.

3. A mudança dos vivos se fará da mesma maneira que a ressurreição dos mortos, a saber: nossos cor-

[215] I Cor., xv, 42-44.

[216] I Cor., xv, 51-53. Este texto é tomado da Bíblia russa; na Bíblia francesa é outro.

pos do presente, corruptíveis e mortais, transformar-se-ão em corpos incorruptíveis e imortais: *Pois é preciso que este corpo corruptível seja revestido da incorruptibilidade, e que este corpo mortal seja revestido da imortalidade.*

É-nos tão impossível explicar hoje esta mudança futura dos vivos quanto explicar a ressurreição futura dos mortos.

Logo que o Juiz dos vivos e dos mortos vier sobre a terra em toda a sua glória, e que à sua voz ressuscitarem os mortos e que os vivos forem mudados, o próprio julgamento, o julgamento último, começará.

A realidade do julgamento último está irrefragavelmente atestada pelos mesmos testemunhos das santas Escrituras e das santas tradições, que atestam a realidade do segundo advento de Nosso Senhor e a ressurreição dos mortos: pois um e outro estão ligados inseparavelmente. Assim:

1. Jesus Cristo ensina muito claramente: *O Pai não julga ninguém; mas deu todo o poder de julgar ao Filho,... e lhe deu o poder de julgar, porque ele* é *Filho do homem. Não vos espanteis disto, pois o tempo vem em que todos os que estão nos sepulcros ouvirão a voz do Filho de Deus. E os que tiverem feito boas obras sairão dos túmulos para ressuscitar à vida; mas os que delas tiverem feito más sairão para ressuscitar à sua condenação*[217]. E em outro passo: *Pois o Filho do homem deve vir na glória de seu Pai com seus anjos, e então restituirá a cada um segundo suas obras*[218].

2. As santas Escrituras ensinam também com uma igual clareza: *Porque ele* (*Deus*) *sentenciou um dia no qual deve julgar o mundo, segundo a justiça, por aquele que ele destinou a ser o juiz; do que ele deu a todos os homens uma prova certa ressuscitando-o dentre os mortos*[219]. *Eis o Senhor que vai vir com uma multidão inumerável de seus santos para exercer seu julgamento sobre todos os homens, e para convencer todos os ímpios de todas*

[217] João, v, 22, 27-29.

[218] Mat., xvi, 27; vii, 21-23; xi, 22, 24; xii, 35, 41, 42; xiii, 37-43; xix, 28-30; xxiv, 30; xxv, 31-46.

[219] Atos, xvii, 31.

as ações de impiedade que eles cometeram[220]. *Pois nós devemos todos comparecer diante do tribunal de Jesus Cristo, a fim de que cada um receba o que é devido pelas boas e pelas* más ações *que tiver feito enquanto estava revestido de seu corpo*[221].

O quadro do julgamento último, traçado nos livros sagrados, apresenta-nos:

1. O Juiz, que está assentado sobre o trono da glória: *Ora, quando Filho do homem vier em sua majestade, acompanhado de todos os anjos, ele se assentará sobre o trono de sua glória*[222].

2. Os executores de sua vontade, e aqueles que participarão do julgamento. Os executores de sua vontade serão os anjos: *E ele enviará seus anjos, que farão ouvir a voz retumbante de suas trombetas, e que reunirão seus eleitos dos quatro cantos do mundo, desde uma extremidade do céu até a outra*[223], *e levarão para fora de seu reino todos os que são ocasiões de queda e de escândalo, e os que cometem a iniquidade*[224], *e separarão os maus do meio dos justos*[225]. Aqueles que participarão do julgamento serão os santos, ao menos os mais perfeitos dos santos, como o são os santos Apóstolos: *Eu vos digo em verdade*, disse o Cristo a seus discípulos, *que para vós que me seguistes, quando, no tempo da regeneração, o Filho do homem estiver assentado sobre o trono de sua glória, vós estareis também assentados sobre doze tronos, e julgareis as doze tribos de Israel*[226]. *Não sabeis*, pergunta São Paulo aos Coríntios, *que os santos devem um dia julgar o mundo?*[227]

3. Aqueles que serão julgados. No julgamento se apresentarão: A. todos os homens vivos e mortos: *E todas as nações estando reunidas diante dele*[228]; diante de Deus e diante de Jesus Cristo, *que julga-*

[220] Judas, 14, 15.
[221] II Cor., v, 10; Rom., II, 5-7; XIV, 10; I Cor., IV, 5; Efés., VI, 8; Col., III, 24, 25; II Tess., I, 6-10; II Tim., IV, 1; Apoc, XX, 11-15.
[222] Mat., XXV, 31.
[223] Mat., XXIV, 31.
[224] Mat., XIII, 41.
[225] Mat., XIII, 49.
[226] Mat., XIX, 28.
[227] I Cor., VI, 2.
[228] Mat., XXV, 32.

rá os vivos e os mortos em seu advento glorioso, e no estabelecimento de seu reino[229]; é *ele quem foi estabelecido por Deus para ser o juiz dos vivos e dos mortos*[230]; B. os justos e os maus: *Nós* devemos todos comparecer diante do tribunal de Jesus Cristo, a fim de que cada um receba o que é devido pelas boas *ou pelas más ações que tiver feito enquanto estava revestido de seu corpo*[231]. C. Não somente todos os homens, mas os Espíritos decaídos, que, segundo o testemunho do Apóstolo, *Deus não os poupou*, mas *os precipitou no abismo onde as trevas lhes servem de cadeias, e para serem atormentados e mantidos como em reserva até o julgamento*[232].

4. O assunto do julgamento. Não somente as ações dos homens, mas ainda suas palavras e seus pensamentos mais secretos, serão o assunto do julgamento.

5. A separação dos justos dos pecadores. *Ele separará uns dos outros, como um pastor separa as ovelhas dos bodes: e colocará as ovelhas à sua direita, e os bodes à sua esquerda*[233].

6. O julgamento pronunciado sobre uns e outros. *Então o Rei dirá aos que estiverem à direita: Vinde, vós que fostes abençoados por meu Pai, possuí o reino que vos foi preparado desde o começo do mundo*[234]... *Dirá em seguida aos que estiverem à esquerda: Retirai-vos de mim, malditos; ide ao fogo eterno, que foi preparado para o diabo e para seus anjos*[235].

Os santos Pais e os Doutores da Igreja reconheceram esse quadro do julgamento geral por incontestavelmente justo, e nos deram sobre isso suas interpretações, repetindo frequentemente que não se deve compreendê-lo em todas as suas partes literalmente e humanamente.

Este julgamento será geral, decisivo e o último;

[229] II Tim., IV, 1.
[230] Atos, X, 42.
[231] II Cor., V, 10; João, V, 29; Rom., II, 6-7.
[232] II Pedro, II, 4; Judas, 6.
[233] Mat., XXV, 32, 32.
[234] Mat., XXV, 34.
[235] Mat., XXV, 41.

pois decidirá sem mudança, para toda a eternidade, o destino de cada homem[236].

É neste mesmo último dia, em que será realizado o último julgamento de Deus para todo o mundo, que acontecerá o fim do mundo.

Nas santas Escrituras estão demonstradas muito claramente: A. a realidade ou a autenticidade deste acontecimento; B. sua natureza e seu quadro, e C. sua estreita ligação com o julgamento último.

1. Sua realidade. Que o mundo do presente terá seu fim: A. Foi predito primeiro no Antigo Testamento pelo Salmista, quando invoca Deus exclamando: *Desde o começo, Senhor, fundaste a terra; e os céus são as obras de tuas mãos: mas eles perecerão; mas tu subsistirás em toda a eternidade. Eles envelhecerão todos como uma vestimenta; tu os mudarás como uma roupa de que se cobre; e eles serão, com efeito, mudados*[237]; B. disso se encontra o testemunho no Novo Testamento, nas palavras de nosso próprio Salvador: *O céu e a terra passarão*[238], e na promessa a seus discípulos de que ele estará sempre com eles *até a consumação dos séculos*[239].

Que o fim do mundo acontecerá no mesmo dia em que se realizará o julgamento último; isso decorre claramente: A. das palavras de nosso Salvador na parábola da semente: *O tempo da ceifa é o fim do mundo; os ceifeiros* são os anjos. Como, pois, arranca-se *o joio, e se o queima no fogo; acontecerá o mesmo no fim do mundo..... os anjos virão e separarão os maus do meio dos justos*[240]; B. das palavras do apóstolo São Pedro: *Ora, os céus e a terra do presente são guardados com cuidado pela mesma palavra, e são reservados para serem queimados pelo fogo, no dia do julgamento e da ruína dos ímpios*[241].

2. Sua natureza e seu quadro. O fim do mundo não quer dizer que este será destruído e aniquilado, mas que será somente mudado e renovado pelo

[236] Mat., xxv, 46.
[237] Salm., cii, 25, 26.
[238] Mat., xxiv, 35; v, 18.
[239] Mat., xxviii, 20.
[240] Mat., xiii, 39, 40, 49; xxiv, 29.
[241] II Pedro, iii, 7.

fogo. *Eles perecerão*, disse o Salmista, falando do céu e da terra do presente; mas na sequência ele explicou seu pensamento: *eles envelhecerão todos como uma vestimenta; e tu os mudarás*[242]. E São Pedro, dizendo que os céus e a terra do presente são reservados para serem queimados pelo fogo, no dia do julgamento último, acrescentou: *Ora, como um ladrão vem durante a noite, também o dia do Senhor virá de um só golpe; e então, no barulho de uma assustadora tempestade, os céus passarão, os elementos abrasados se dissolverão, e a terra será queimada com tudo o que ela contém*; e neste dia: *o ardor do fogo dissolverá os céus, e fará fundir os elementos*[243]; mas imediatamente depois ele acrescenta: *Nós esperamos, segundo sua promessa, novos céus e uma nova terra, nos quais a justiça habitará*[244]. São João Evangelista viu efetivamente na Revelação o céu novo e a terra nova: *O primeiro céu e a primeira terra tinham desaparecido*[245].

3. Sua estreita ligação com o julgamento último. O apóstolo São Paulo mostra essa ligação, dizendo: *As criaturas esperam com grande desejo a revelação dos filhos de Deus; porque elas são sujeitas à vaidade, e não o são voluntariamente, mas por causa daquele que as há sujeitado; com a esperança de serem libertadas também, elas mesmas, dessa servidão à corrupção, para participarem da gloriosa liberdade dos filhos de Deus*[246]. Por causa da queda do homem, *todas as criaturas suspiram, e estão como em trabalho de parto*[247]. Quando a obra da regeneração do homem for realizada, então, por essa mesma lei, as criaturas serão libertadas de sua servidão à corrupção, e em geral das consequências funestas do pecado. Mas o ato da regeneração do homem será realizado pelo julgamento último, durante o qual terá lugar também a revelação dos filhos de Deus. Portanto, as criaturas devem neste mesmo tempo ser libertadas da ser-

[242] Salm., CII, 25, 26.
[243] II Pedro, III, 10, 12.
[244] II Pedro, III, 13.
[245] Apocal., XXI, 1.
[246] Rom., VIII, 19-21, de acordo com o texto eslavo.
[247] Rom., VIII, 22.

vidão à corrupção, para participarem da gloriosa liberdade dos filhos de Deus; todo o mundo material deve ser subtraído às consequências funestas do pecado humano e ser renovada. Esta renovação do mundo será realizada no último dia pelo fogo, de sorte que nos novos céus e sobre a nova terra não haverá nenhum pecado, mas que só a *justiça aí habitará*[248].

Com o fim do mundo material e sua transformação em um mundo novo e melhor, virá também o fim do reino abençoado do Cristo, e começará o reino eterno de Deus, o reino da glória.

I. O Apóstolo São Paulo exprimiu muito claramente a primeira ideia do fim, neste mesmo tempo, do reino abençoado do Cristo, quando, falando da ressurreição futura dos mortos no segundo advento de nosso Salvador, escreveu aos Coríntios: *Pois, como todos morrem em Adão, todos reviverão também em Jesus Cristo, e cada um em sua ordem; Jesus Cristo primeiro, como as primícias de todos; depois aqueles que são dele, que creram em seu advento. Em seguida virá a consumação de todas as coisas, quando ele tiver entregado seu reino a Deus, seu Pai, e quando tiver destruído todo império, toda dominação e toda potestade. Pois Jesus Cristo deve reinar até que seu Pai lhe ponha todos os seus inimigos sob os pés. Ora, a morte será o último inimigo que será destruído*[249]. E este último inimigo será destruído não somente *quando todos os homens forem ressuscitados, mas quando eles todos se tornarem incorruptíveis*[250], e quando *as criaturas mesmas forem libertadas da servidão à corrupção, para participarem da gloriosa liberdade dos filhos de Deus*[251], e quando esta palavra da Escritura for cumprida: *A morte é absorvida pela vitória. Ó morte, onde está tua vitória? Ó morte, onde está teu aguilhão?*[252]

II. Como confirmação dessa ideia, de que, imedia-

[248] II Pedro, III, 13.
[249] I Cor., XV, 22-26.
[250] I Cor., XV, 52.
[251] Rom., VIII, 21.
[252] I Cor., XV, 54, 55.

tamente após o fim do reino abençoado, virá o novo reino de Deus, o reino da glória, no qual Nosso Senhor reinará conjuntamente com o Pai e o Santo Espírito, podem-se citar: A. As palavras de nosso Salvador: *Então* (isto é, imediatamente após o julgamento último e, por conseguinte, após o fim do reino abençoado) *os justos brilharão como o sol no reino de seu Pai*[253], e ainda: *Será então que haverá choro e ranger de dentes, quando virdes que Abraão, Isaac, Jacó e todos os profetas estarão no reino de Deus, e que vós outros sereis lançados fora. Virão do oriente e do ocidente, do setentrião e do meio-dia, os que terão lugar no festim no reino de Deus*[254]; B. O testemunho do Apóstolo São Paulo, de que após a ressurreição dos mortos *a carne e o sangue não podem possuir o reino de Deus*[255]. (Macário, *Teologia dogmática*, t. II, § 261-267.)

Assim, pois, os Doutores da Igreja afirmam que, além do julgamento particular, ao qual todo homem é submetido logo após a morte, haverá ainda um julgamento geral para todo o gênero humano. Então, à voz de nosso Salvador, os mortos sairão de seus túmulos com os mesmos corpos nos quais viveram; mas esses corpos serão transformados, e os dos vivos, à mesma voz de Deus, serão mudados em um piscar de olhos. Os Doutores da Igreja dizem que, no julgamento particular, é apenas a alma que receberá a recompensa, sem a participação do corpo; mas que a justiça de Deus exige que o corpo, que tinha tomado parte nas boas e nas más ações do homem, receba igualmente a remuneração que lhe é devida, o que terá lugar no dia do julgamento último. Que três e anos e meio antes deste julgamento aparecerá o Anticristo, homem orgulhoso e ambicioso, que se apoderará do poder pela violência e o estenderá sobre todos os povos; que suscitará perseguições contra os Cristãos, pregará uma doutrina contrária à do Cristo, exigirá a adoração para sua pessoa como para o próprio Deus, arrastará muitos do mundo, e matará todos os que não quiserem segui-lo. Alguns Doutores da Igreja o consideram

[253] Mat., xiii, 43.
[254] Lucas., xiii, 28, 29.
[255] I Cor., vi, 9; Gálatas, v, 19, 21; II Cor., v, 1. [Cabe bem acrescentar I Cor., xv, 50. (Nota do Tradutor.)]

como o filho do próprio Satã, que se encarnará diretamente na pessoa do Anticristo. Os Doutores da Igreja dizem ainda que o Anticristo será aniquilado pelo segundo advento do Cristo, e que então começará o julgamento geral, no qual os injustos serão retirados do meio dos justos, que aqueles serão enviados ao fogo eterno, e que estes gozarão da vida eterna. Entrementes, terá lugar o fim do mundo, ou, para melhor dizer, a reforma do mundo e o fim do reino abençoado do Cristo, e começará o reino de Deus, o reino da glória.

Das palavras de nosso Salvador nós podemos efetivamente concluir que haverá o fim do século e não o fim do mundo, como o afirmam os Pais da Igreja, uma vez que nem nosso Salvador nem os Apóstolos falam em parte alguma do fim do mundo, mas por toda parte e sempre falam do fim do século, isto é, que, para a terra, a época do presente passará e dará lugar a uma época melhor[256]. Que os prenúncios da aproximação desta época serão, de um lado, as aparições no céu, a propagação do Evangelho em todas as regiões da terra e entre todos os povos, o aumento do bem; e, de outro lado, o progresso excessivo do mal, as diferentes infelicidades, as perseguições contra os Cristãos. Mas o que é que Jesus Cristo quis exprimir por estas palavras: *Mas infelizes das mulheres que estiverem grávidas ou amamentando naqueles dias; rogai, pois, a Deus para que vossa fuga não aconteça durante o inverno nem no dia do* sábado[257]? É difícil de compreender. Talvez essas palavras encerrem o sentido seguinte: Que durante os flagelos tudo é mais penoso para as mulheres grávidas e para as que amamentam do que para os outros, uma vez que elas devem ter o duplo cuidado de si mesmas e de suas crianças; que durante o inverno a rudeza do frio torna as misérias mais sensíveis. Mas o que significam estas palavras: Que esta fuga não aconteça no dia do sábado? São incompreensíveis, pois todos os dias são de uma importância igual. Não exprimiriam elas este pensamento: Rogai a Deus para que esta infelicidade não vos encontre na desocupação e na ociosidade, isto é,

[256] É verdade que, no texto francês do Evangelho, encontram-se indiferentemente estas duas expressões: *o fim do mundo* e *a consumação dos séculos*; mas, no texto russo, não encontrareis uma só vez a expressão: *o fim do mundo*, mas sempre *o fim do século*.
[257] Mat., xxiv, 19, 20.

no descuido de vossa melhoria, uma vez que o sábado, entre os Hebreus, é um dia de repouso? O que quer que seja, essas palavras permanecem entre esses mistérios que ainda não nos é dado compreender, e os próprios Pais da Igreja, em suas interpretações, passam-nas sob silêncio.

No que concerne ao Anticristo, é-nos de toda impossibilidade admitir a opinião dos Pais da Igreja, de que este será um homem no qual se encarnará o próprio Satã. Em primeiro lugar, como já o demonstramos mais acima, Satã não existe; não é um ser real, não é senão a personificação alegórica da reunião de todo o mal; em segundo lugar, é contrário à crença dos próprios Pais da Igreja; o que é que eles chamam o diabo ou Satã? O anjo decaído. E os anjos, de acordo com a crença deles, não se encarnam nos corpos humanos; segundo eles, para uma tal encarnação, Deus criou Espíritos à parte, ou almas humanas. Se eles tomam para exemplo a encarnação de Jesus Cristo, é preciso não esquecer que, malgrado o poder que eles concedem ao diabo, ele é sempre apenas um Espírito decaído, ao passo que Jesus Cristo é um Espírito superior, que *Deus amara antes da criação do mundo*[258]; mas comparar Satã a Jesus Cristo é uma impiedade. Além disso, os Pais da Igreja aparentemente esqueceram que os Espíritos decaídos, de acordo com as palavras dos apóstolos Pedro e Judas, estão acorrentados pelas cadeias das trevas e que estão reservados para o dia do julgamento último; assim, pois, de que maneira o superior deles, Satã, poderá se livrar dessas cadeias, e aparecer no mundo? É possível, mas não é senão uma pura suposição, que entre os povos civilizados apareça um homem, no qual esteja encarnado um Espírito inferior, imperfeito, um Espírito mau, que até este tempo, por causa de sua inferioridade, não se encarnara senão entre os povos menos avançados; é possível, dizemos, que, tendo recebido a educação do meio no qual se encarne, ele se apodere violentamente do poder, que o estenda sobre todos os povos, e que, em razão de seus maus instintos, faça muito mal. Mas nós pensamos que, sob o nome do Anticristo, é preciso não compreender um indivíduo qualquer, um indivíduo à parte, tanto mais que no Apocalipse

[258] João, XVII, 24.

ele é representado não como um homem, mas como uma besta, dotada da palavra: *Esta besta, que eu vi, era semelhante a um leopardo; seus p*és eram como pés de urso; sua face, como a face de um leão, e o dragão lhe deu sua força e seu grande poder... e lhe foi dada uma boca que se glorificava insolentemente, e que blasfemava; e o poder lhe foi dado de fazer a guerra durante quarenta e dois *meses*[259]. Nossa opinião é, portanto, que o Anticristo não é um indivíduo à parte, mas que é a imagem alegórica de uma casta inteira de homens maus, e do conjunto das falsas doutrinas. Os Doutores da Igreja dão ao Anticristo uma individualidade, fundando-se sobre só as palavras do apóstolo Paulo: *E então se descobrirá o ímpio... que deve vir acompanhado do poder de Satã*[260]. Por essas palavras, pode-se compreender que então se manifestarão as iniquidades. E quando Jesus Cristo vier julgar os vivos e os mortos, aniquilará o mal sobre a terra, não permitindo mais aos Espíritos inferiores e maus aí se reencarnarem, uma vez que a terra entrará em sua nova e melhor fase; o que, segundo nós, é expresso por estas palavras: *E então se descobrirá o ímpio, que o Senhor Jesus destruirá pelo sopro de sua boca*[261].

O segundo advento de Nosso Senhor sobre a terra será cumprido no sentido literal, ou bem é preciso entender que Nosso Senhor apenas enviará sobre a terra sua palavra, e revelará aos homens a verdade? É o que não ousamos resolver; pois, de acordo com as palavras de nosso Salvador e de acordo com as dos Apóstolos, vemos somente que este acontecimento se cumprirá de improviso e sobre toda a terra: *Pois, como um relâmpago que sai do oriente aparece de um só golpe no ocidente, assim será o advento do Filho do homem*[262]. *Pois, como um relâmpago brilha e se faz ver desde um lado do céu ao outro, assim aparecerá o Filho do homem em seu dia*[263]. Mas todos esses textos não nos dão o direito de afirmar positivamente que o segundo advento de Nosso Senhor será visível para nossos olhos materiais. Quanto às palavras dos anjos que apareceram aos Apóstolos durante a ascensão de Nosso

[259] Apocal., XIII, 2, 5.
[260] II Tess., II, 8, 9.
[261] II Tess., II, 8.
[262] Mat., XXIV, 27.
[263] Lucas, XVII, 24.

Senhor: *Este Jesus, que se separando de vós se elevou ao céu, virá da mesma maneira como aí o vistes subir*[264], é preciso tomá-las à letra ou não? E as palavras seguintes de nosso Salvador: *E eles verão o Filho do homem que virá sobre as nuvens do céu com uma grande majestade*[265]; é preciso também tomá-las textualmente, ou bem é preciso compreender que ele enviará sobre a terra sua palavra com as Forças celestes, isto é, com uma multidão de anjos, que a propagarão sobre toda a terra? O que quer que seja, quer este segundo advento de Nosso Senhor se cumpra materialmente ou espiritualmente, não é o que nos importa mais; mas o que nos importa é que ele terá lugar infalivelmente.

Quanto à ressurreição dos mortos, que os Pais da Igreja relacionam ao dia do julgamento último, nós consideramos que sua opinião é errônea; pois, excetuadas as palavras do apóstolo São Paulo: *Ao som da última trombeta, os mortos então ressuscitarão em um estado incorruptível, e nós seremos mudados*[266], não há nenhum outro passo nas santas Escrituras que fale positivamente que no dia do julgamento último os mortos serão ressuscitados. Ora, as passagens citadas se relacionam às provas da imortalidade da alma, e exprimem que nosso Espírito não morre, ou que nós todos reviveremos após nossa morte. E as palavras do apóstolo São Paulo, reportadas acima, devem encerrar algum sentido misterioso, que no tempo presente nos é inacessível; disso falaremos ainda na sequência deste artigo. De resto, esse assunto é tão grave que demanda ser examinado em todos os seus detalhes, e, com este objetivo, buscaremos compreender o sentido de cada texto citado pelos Doutores da Igreja.

Nosso Salvador disse a Marta: *Eu sou a ressurreição e a vida: aquele que crê em mim, ainda que esteja morto, viverá*[267].

Essas palavras de nosso Salvador exprimem a ideia seguinte: aquele que crê em Deus crê também na imortalidade da alma.

---

[264] Atos, I, 11.
[265] Mat., XXIV, 30.
[266] I Cor., XV, 52.
[267] João, XI, 25.

Em verdade, em verdade eu vos digo, a hora vem, e ela já veio, em que os mortos ouvirão a voz do Filho de Deus, e os que a ouvirem viverão... pois o tempo vem, em que todos os que estão nos sepulcros ouvirão a voz do Filho de Deus. E os que tiverem feito boas obras sairão dos túmulos para ressuscitar à vida; mas os que delas tiverem feito más sairão para ressuscitar à sua condenação[268].

Os Espíritos mortos corporalmente, que ainda não reencarnaram, encontram-se no estado errante, e Jesus diz que o tempo também veio para eles de ouvir seu ensinamento. Após tê-lo ouvido e tê-lo compreendido, eles se apressarão a pedir para si uma nova encarnação, para poder colocá-lo em prática; em consequência do que, eles ressuscitarão para a vida corporal. As últimas palavras se relacionam ao julgamento último, onde ele não diz mais que o tempo já veio, mas que vem, o que significa: Quando o fim do século vier, quando o tempo atual da terra tiver terminado, e quando chegar para ela o tempo de uma nova época, na qual a terra entrará em um grau mais elevado de perfeição moral e física, então os Espíritos mortos corporalmente, isto é, que se encontram no estado errante, *ouvirão a voz do Filho de Deus*, o que quer dizer, ouvirão a sentença seguinte de Deus: Os Espíritos que ainda não chegaram ao grau necessário de perfeição não podem mais se encarnar sobre a terra, uma vez que ela já entrou em uma nova fase e que ela constitui um mundo mais elevado; e assim, *os que se encontram nos sepulcros sairão dos túmulos; os que tiverem feito boas obras para ressuscitar à vida, e os que delas tiverem feito más para ressuscitar à sua condenação*, isto é, os Espíritos que se encontram no estado errante, e que não pensaram em sua melhoria, devem se reencarnar não mais sobre a terra, sobre a qual isso lhes será proibido, mas em um mundo inferior onde a vida será mais penosa que sobre a terra e os sofrimentos mais agudos; e mesmo aqueles para quem o tempo de sua reencarnação ainda não veio serão também expulsos de cima da terra para os mundos inferiores, a fim de que não possam inspirar o mal aos homens da terra. Aqueles, ao contrário, que fizeram boas obras, que buscaram

[268] João, v, 25, 28, 29.

se melhorar, deixarão o mundo dos Espíritos para ressuscitar à vida, isto é, encarnar-se-ão sobre a terra, onde *só a verdade reinará*[269].

Jesus disse aos Saduceus: Vós estais no erro, não compreendendo as Escrituras nem o poder de Deus[270].

Jesus diz essas palavras aos Saduceus que negavam a ressurreição, isto é, a imortalidade da alma, portanto, essas palavras confirmam que a alma é imortal, e não que no dia do julgamento os mortos ressuscitarão.

Aquele que come minha carne e bebe meu sangue tem a vida eterna, e eu o ressuscitarei no último dia;... assim, aquele que me come viverá também por mim[271].

Isso exprime que qualquer um que viva como ele chegará à imortalidade, isto é, chegará ao estado em que a morte não existirá mais; e Deus o ressuscitará no último dia, isto é, no último dia de sua vida corporal, e não no último dia do julgamento; o que significa que a alma do homem é imortal, e que, logo após a morte do corpo, ela será ressuscitada à vida no mundo dos Espíritos.

Jesus, lançando ainda um grande grito, rendeu o espírito. Ao mesmo tempo o véu do templo se rasgou em dois, desde o alto até embaixo: a terra tremeu, as pedras se fenderam, os sepulcros se abriram; e muitos corpos de Santos que estavam no sono da morte ressuscitaram, e, saindo de seus túmulos após sua ressurreição, vieram à cidade santa, e foram vistos por muitas pessoas[272].

Nós nos permitiremos fazer algumas observações sobre essa passagem. Em primeiro lugar, nenhum Apóstolo, exceto Mateus, disse uma palavra da ressurreição dos mortos no momento da morte de nosso Salvador, ao passo que esse acontecimento, se tivesse efetivamente ocorrido, não poderia, por sua gravidade, ter sido omitido pelos outros evangelistas. Em segundo lugar, se efetivamente os mortos tivessem ressuscitado no momento da morte de nosso Salvador, isso mostraria que eles ressuscitaram antes da ressurreição de Jesus Cristo;

---

[269] II Pedro, III, 13.
[270] Mat., XXII, 29.
[271] João, VI, 54, 57.
[272] Mat., XXVII, 50-53.

nesse caso, as palavras do Apóstolo São Paulo: *Mas agora Jesus Cristo ressuscitou dentre os mortos, e se tornou as primícias dos que dormem*[273], seriam falsas; pois Jesus não teria sido então as primícias dos que dormem. Em terceiro lugar, quais são esses santos ressuscitados? Por quem eles foram vistos e onde eles desapareceram? É possível admitir que essa aparição tão milagrosa tivesse sido deixada sem nenhuma menção pelo povo, assim como pelos próprios Apóstolos, e que não se tenha conservado de um acontecimento tão grave nenhuma narração nem tradição? Em presença do silêncio dos outros Apóstolos e da tradição, não é permitido duvidar da autenticidade dessa passagem de São Mateus, e crer que esse passo foi acrescentado depois?

Pois, como todos morrem em Adão, todos reviverão também em Jesus Cristo[274].

Essas palavras exprimem que, por nosso corpo, nós morremos, a exemplo de Adão, e, por nosso Espírito, nós ressuscitamos, a exemplo de Jesus Cristo.

Que todos os homens justos e injustos ressuscitarão um dia[275].

Quer nós tenhamos levado uma vida boa ou má, nosso Espírito ressuscitará sempre, pois é imortal.

Quanto à natureza dos corpos ressuscitados, os Doutores da Igreja dizem ora que os corpos serão essencialmente os mesmos que aqueles aos quais nossas almas foram reunidas durante sua vida terrestre, e que o Cristo ressuscitou do túmulo com seu próprio corpo; ora afirmam que os corpos ressuscitados serão diferentes daqueles da terra, que ressuscitarão com um aspecto transformado, a exemplo do corpo ressuscitado do Cristo, nosso Salvador. Mas de duas coisas uma: ou nossos corpos ressuscitados e o de Nosso Senhor serão os mesmos que foram durante sua vida terrestre, ou bem eles serão diferentes e transformados. Essa contradição e a indeterminação da opinião dos Doutores da Igreja, em relação à natureza dos corpos ressuscitados, provêm de que eles compreendem a ressurreição dos mortos no senti-

[273] I Cor., xv, 20.
[274] I Cor., xv, 22.
[275] Atos, xxiv, 15.

do literal. Eles dizem que a ressurreição é uma restituição e uma vivificação do que está morto, mas não uma formação ou uma criação de uma coisa nova, ao passo que os antigos, sob o nome de ressurreição, compreendiam a reencarnação, isto é, a ressurreição do Espírito somente e não a do corpo. Com efeito, os contemporâneos de Jesus Cristo o tomavam, uns pela encarnação do Espírito de João Batista, e outros pela encarnação de Elias, de Jeremias ou de algum outro profeta. Jesus perguntou a seus discípulos: *Que dizem os homens no tocante ao Filho do homem? Que dizem que eu sou? Eles lhe responderam: Uns dizem que tu és João Batista, outros Elias, outros Jeremias ou algum dos profetas*[276]. O Apóstolo São Paulo chama diretamente de insensata a crença da ressurreição dos corpos; ele diz: *Mas alguém me dirá: De que maneira os mortos ressuscitarão, e qual será o corpo no qual voltarão? Insensatos que sois, não vedes que o que semeais não retoma vida, se não morre antes? E quando semeais, não semeais o corpo da planta que deve nascer, mas o grão somente... após o que, Deus lhe dá um corpo... Há também corpos celestes e corpos terrestres; mas os corpos celestes têm um outro brilho que os corpos terrestres... acontecerá o mesmo na ressurreição dos mortos. O corpo como uma semente é agora enterrado pleno de corrupção, e ressuscitará incorruptível... é enterrado como um corpo animal, e ressuscitará como um corpo espiritual. Como há um corpo animal, há também um corpo espiritual... eu quero dizer, meus irmãos, que a carne e o sangue não podem possuir o reino de Deus, e que a corrupção não possuirá essa herança incorruptível*[277]. Dessas palavras de São Paulo, é evidente que nosso corpo perecível, uma vez destruído, não pode mais se renovar, mas que nosso Espírito tem um corpo particular, um corpo espiritual e imperecível, que ele conserva sempre, tão bem estando encarnado como no estado de Espírito; e esse corpo, que nós denominamos *o perispírito*, e que o Apóstolo São Paulo chama *o corpo espiritual*, constitui no mundo dos Espíritos a individualidade do Espírito. Os Doutores da Igreja veem toda a irracionalidade de suas interpretações; veem também o fato de que Jesus Cristo

[276] Mat., XVI, 14.
[277] I Cor., XV, 35-38, 40, 42, 44, 50.

ressuscitou, não com o corpo que tinha sobre a terra, mas com um corpo que tinha apenas a imagem deste último, pois *ele apareceu no meio de seus discípulos no momento em que as portas da casa, na qual esses discípulos estavam reunidos, por medo dos Judeus, estavam fechadas*[278]. Ele não poderia fazer isso com seu corpo carnal, que tinha sobre a terra, porque ele não poderia passar através das paredes da casa, sem violar as leis físicas e eternas. Mas os Doutores da Igreja não querem se separar de sua ideia de que nossos corpos ressuscitam, nem admitir que eles se destroem sem retorno, pois, admitindo a destruição irrevogável de nosso corpo terrestre, todas as suas interpretações dos dogmas da Igreja se tornam mais que inexatas, e seu sistema se destrói; ora, para evitar esse escolho, eles consentem com o Apóstolo São Paulo em reconhecer que nossos corpos se transformam após sua ressurreição, visto que suas palavras a este respeito são tão claras que não admitem nenhuma controvérsia; e ao mesmo tempo os vemos afirmar obstinadamente que nós ressuscitaremos com o mesmo corpo que tínhamos durante nossa vida terrestre, o que forma uma contradição evidente. É a mesma coisa que se nós afirmássemos que tal mesa é quadrada e redonda ao mesmo tempo, ou que ela é toda de madeira e ao mesmo tempo toda de vidro. Agora, eles asseguram que o julgamento último é indispensável, porque no julgamento prévio a alma humana só recebe a remuneração sem a participação do corpo, enquanto que a justiça e a sabedoria de Deus exigem que o corpo, que tomou parte nas boas e nas más ações do homem, receba também a remuneração que lhe é devida; é o que tem lugar no dia do julgamento último. Eles acrescentam que a sabedoria de Deus não seria justificada pelas obras, se o corpo do homem, após ter sido separado da alma, não fosse cedo ou tarde reunido para formar um homem completo. Mas se os Doutores da Igreja, submetendo-se à evidência, renunciam à sua suposição a respeito da ressurreição dos corpos, então todas as suas interpretações atuais se tornam falsas.

Visto que os Doutores da Igreja afirmam que a justiça de Deus exige que o corpo, que tomou parte nas boas e nas más

[278] João, xx, 19.

ações do homem, receba também a remuneração que lhe é devida, nós lhes perguntaremos como isso pode ser feito. É reconhecido que nosso corpo perde todos os dias pela evaporação algumas de suas parcelas, e que recebe novas pela nutrição e a respiração, de sorte que, ao cabo de um tempo determinado, todo o seu corpo é renovado. Suponde um homem que, em sua juventude, tenha cometido um crime, e que tenha passado o resto de sua vida, até a velhice mais avançada, sem cometer de novo e sem se arrepender; com que corpo deve ele ressuscitar? Será com o que ele tinha em sua velhice? Nesse caso, por que este corpo sofreria pelo corpo de sua juventude com o qual ele cometeu o crime? Se, ao contrário, ele ressuscita com o corpo de sua juventude, por que seu último corpo seria privado da recompensa após uma vida bem empregada? Enfim, vejamos o que é o corpo: não é senão um instrumento por meio do qual o Espírito realiza seus desígnios. Por conseguinte, a faca com a qual ele matou sua vítima deve também comparecer com o culpado no julgamento último, para receber a punição merecida; uma vez que, ela também, como o corpo, serviu de instrumento para realizar o desígnio do Espírito e tomou parte no assassinato. Tudo isso mostra toda a absurdidade que os Pais da Igreja atribuem à justiça de Deus.

Eis um mistério que eu vou vos dizer: nós não morreremos todos, mas seremos todos mudados, em um momento, em um piscar de olhos, ao som da última trombeta; pois ela soará, os mortos então ressuscitarão em um estado incorruptível, e nós seremos mudados. Pois é preciso que este corpo corruptível seja revestido da incorruptibilidade, e que este corpo mortal seja revestido da imortalidade. E quando este corpo corruptível tiver sido revestido da incorruptibilidade, e este corpo mortal revestido da imortalidade, então esta palavra da Escritura será cumprida: a morte é absorvida pela vitória[279].

O sentido dessas palavras nos é ainda inacessível. Não podemos agora compreender como se pode fazer que nós não morramos, mas que sejamos todos mudados em um piscar de olhos. Quando a terra entrar em uma nova fase mais perfeita,

[279] I Cor., xv, 51-54. Este texto é tomado da Bíblia russa; na Bíblia francesa é outro.

nem é preciso dizer que tudo então deve ser mudado, isto é, melhorado, a saber: o clima, o solo, os vegetais, os corpos, os animais e o homem mesmo. Mas, como a natureza procede por graus, essa melhoria deve se realizar pouco a pouco, de uma maneira imperceptível. Nós pensamos que essas palavras não trataram do julgamento último, mas que o Apóstolo São Paulo fale aqui do último dia da existência corporal desses Espíritos que passam então ao estado de Espíritos puros, para não serem mais submetidos nem às existências corporais, nem à morte; e talvez essas palavras queiram exprimir este pensamento de que nós não morreremos todos, isto é, que o homem não morrerá todo inteiro, que só o corpo morrerá e não o Espírito, e que nós todos seremos mudados após nossa última morte. *A trombeta soará*, isto é, a hora da morte soará e o corpo morrerá, ao passo que o Espírito esvoaçará com seu corpo incorruptível, seu perispírito, e o homem de um só golpe será mudado, isto é, o Espírito, em lugar de seu corpo material e perecível, terá o corpo fluídico, espiritual, imperecível. Não ousamos afirmar que nossa interpretação seja justa, mas a apresentamos como possível.

Pois nós devemos todos comparecer diante do tribunal de Jesus Cristo, a fim de que cada um receba o que é devido às boas ou às más ações que tiver feito enquanto estava revestido de seu corpo[280].

Após nossa morte, nós devemos todos prestar contas das ações que fizemos durante nossa existência corporal.

Pois Deus não poupou os anjos que pecaram, mas os precipitou no abismo onde as trevas lhes servem de cadeias, para serem atormentados, e mantidos como em reserva até o julgamento[281].

Essas palavras exprimem que todos os Espíritos que pecaram são deixados por Deus na cegueira até o momento de seu arrependimento.

É *isto que acontecerá no fim do mundo: os anjos virão, e separarão os maus do meio dos justos... e, todas as nações estando reunidas diante dele, ele separará uns dos outros, como*

[280] II Cor., v, 10; Rom., II, 5-7 ; XIV, 10; I Cor., IV, 5; Efés., VI, 8; Col., III, 24, 25; II Tes., I, 6-10; II Tim., IV, 1 ; Apocal., XX, 11-15.
[281] II Pedro, II, 4.

um pastor separa as ovelhas dos bodes: e colocará as ovelhas à sua direita, e os bodes, à sua esquerda. Então o Rei dirá aos que estiverem à sua direita: Vinde, vós que fostes abençoados por meu Pai, possuí o reino que vos foi preparado desde o começo do mundo... Dirá em seguida aos que estiverem à sua esquerda: Retirai-vos de mim, malditos; ide ao fogo eterno, que foi preparado para o diabo e para seus anjos[282].

Todo o sentido do julgamento último está encerrado nessas poucas palavras.

O Espiritismo nos mostra que os Espíritos se encarnam em um só e mesmo mundo, até que tenham se apropriado de todas as perfeições de que o Espírito é suscetível nesse mundo, e que, após tê-las atingido, o Espírito passa a um outro mundo superior, onde continua a se aperfeiçoar em suas diferentes existências corporais. É assim que, após ter passado gradualmente por muitos mundos, ele atinge, enfim, o mundo mais perfeito, onde continua a se aperfeiçoar no estado de Espírito. Disso resulta que, em cada mundo, durante uma certa época, são sempre os mesmos Espíritos que se encarnam, e que, em seu conjunto, podem-se considerá-los como uma só e mesma geração. É por isso que Jesus, falando aos seus discípulos do segundo advento, disse: *Eu vos digo em verdade que esta raça não passará, até que todas estas coisas sejam cumpridas*[283]. Isto é, que a raça ou a geração de Espíritos, que nessa época se encarnava sobre a terra, não passará para os mundos superiores, antes que tudo o que ele lhes dizia fosse cumprido. É preciso entender que Jesus Cristo fala aqui da massa dos Espíritos em geral, pois é provável que muitos Espíritos, mesmo antes do julgamento último, terão passado, por causa de sua perfeição individual, para os mundos superiores, e que alguns outros bem puderam vir de mundos inferiores para a terra. Assim, é evidente que Jesus, nessas palavras, compreendia a geração dos Espíritos que se encarnam sobre a terra; de outro modo, suas palavras não seriam justas, visto que o segundo advento ainda não chegou, que a geração daquela época já passou e que todos os contemporâneos do Cristo estão mortos. Portanto, Jesus Cristo, sob o nome de

[282] Mat., XIII, 49; XXV, 32-34, 41.
[283] Mat., XXIV, 34.

raça, entendia a geração dos Espíritos que em sua época se encarnavam sobre a terra, e que continuam a se encarnar e aí viver até o presente.

Mas, como na natureza tudo se aperfeiçoa, a terra, assim como os outros mundos, deve sofrer essa mesma lei, e ao cabo de uma certa época, que não é conhecida senão por Deus só, deve entrar na categoria dos mundos mais perfeitos. A terra, no tempo presente, é uma região de provas e de aflições, onde reinam o egoísmo, o orgulho, a inveja, o ódio, a vaidade e os outros vícios; e o próprio mundo dos Espíritos, que nos rodeia, assemelha-se ao nosso mundo corporal, porque é formado destes mesmos Espíritos que vivem sobre a terra. Mas, quando a terra tiver se tornado um mundo de uma ordem mais elevada, todos esses vícios, tão fortemente espalhados atualmente sobre a terra, aí estarão deslocados, e aí não reinará mais que o amor ao próximo, a caridade e a justiça. Por conseguinte, quando esta época da renovação da terra chegar, os Espíritos retardatários, quer estejam no estado encarnado ou não encarnado, se não pensaram em sua melhoria, e se não se corrigiram de seus vícios, serão banidos do mundo da terra, e expulsos para um mundo inferior, onde a vida será mais penosa e as aflições mais fortes. É a esses Espíritos que o Rei dirá: *Retirai-vos de mim, malditos, ide ao fogo eterno, que foi preparado para o diabo e para seus anjos*, isto é, retirai-vos de mim, vós que sois excluídos da felicidade da qual a terra está perto de gozar, e ide para esses mundos que se encontram ainda em um grau inferior de perfeição relativamente à nova fase na qual entra a terra, e que constituem desde tempos eternos a morada do mal e de seus adeptos. E esses Espíritos banidos, encarnando-se nesses mundos inferiores, e aí levando consigo a intuição das luzes e dos conhecimentos que adquiriram sobre a terra, constituirão nesses mundos uma nova geração de Espíritos mais esclarecidos que aqueles que os habitam, e os guiarão na via do progresso.

Mas, nas passagens tocantes ao último dia, além da transição da terra para a nova fase de que acabamos de falar, aí se encontra compreendido, ao que nos parece, um outro acontecimento tão grave na vida do Espírito quanto o primeiro, isto é, a transição do Espírito ao estado de puro Espírito. Eis porque, segundo nós, certos passos que se relacionam ao último dia nos são incompreensíveis: nós aí buscamos o sentido que se relaciona à transição da terra de uma época à outra, ao passo que essas palavras se relacionam à transição do Espírito ao estado de puro Espírito.

Na vida do Espírito há duas épocas graves: a primeira é quando o planeta sobre o qual o Espírito se encarna entra na classe dos mundos de uma ordem mais elevada; com efeito, neste momento, o Espírito está preocupado em saber se permanecerá sobre esse planeta ou se será expulso para um mundo inferior, onde a vida corporal é mil vezes mais penosa. A segunda é quando o Espírito termina sua última encarnação, sua última existência corporal, e passa para o mundo dos Espíritos puros, no qual continua então a se aperfeiçoar no estado de Espírito. Esse pensamento, como nos parece, está compreendido no sentido misterioso do vigésimo capítulo do Apocalipse de São João Evangelista, que produziu, no século dos Apóstolos, a doutrina do reino de mil anos (Quiliasmos – mil anos). Eis a essência dessa doutrina: bem antes do fim do mundo, o Cristo virá de novo sobre a terra, matará o Anticristo, ressuscitará só os justos, formará sobre a terra um novo reino, onde os justos reinarão conjuntamente com ele durante mil anos, gozando de todos os bens da vida temporal (não está aí o paraíso de Maomé?); após o que, acontecerão: a segunda ressurreição geral dos mortos, o julgamento último, as recompensas e as punições eternas gerais. Essa doutrina era aceita, como uma opinião particular, por alguns Doutores da Igreja, nomeadamente, por Justino, Ireneu e Metódio. Ora, parece-nos que esse capítulo, como todo o Apocalipse, é uma explicação suplementar do testemunho de nosso Salvador e daquele dos Apóstolos no tocante ao último dia. São João Evangelista diz: *Eu vi em seguida descer do céu um anjo, que tinha a chave do abismo, e uma grande cadeia na mão. Ele prendeu o dragão, a antiga serpente, que é o diabo e Satã, e o acorrentou por mil anos. E tendo-o lançado no abismo, fechou-o sobre ele, e o selou, a fim de que ele não seduzisse mais as nações até que estes mil anos sejam cumpridos, após o que, ele deve ser solto por um pouco de tempo. Eu vi também tronos e pessoas que se assentaram em cima, e o poder de julgar lhes foi dado. Eu vi ainda as almas daqueles que tiveram a cabeça cortada pelo testemunho que deram de Jesus, e pela palavra de Deus, e não adoraram a besta, nem sua imagem, nem receberam seu caractere sobre a fronte ou nas mãos: e elas entraram na vida, e reinaram com Jesus Cristo durante mil anos. Os outros mortos não reentraram na vida até que os mil anos fossem cumpridos: está aí a primeira ressurreição. Feliz e santo aquele que tem parte na primeira ressurreição; a segunda morte não terá poder sobre estes, mas eles serão sacerdotes de Deus e de Jesus Cristo, e reinarão com ele durante mil anos. Depois que os mil anos estiverem cumpridos, Satã será solto, e sairá de sua prisão, e seduzirá as nações que estão nos quatro cantos do mundo, Gog e Magog, e as reunirá para combater: seu número igualará o da areia do mar. Elas se espalharão sobre a terra, e cercarão o campo dos Santos, e a cidade bem-amada. Mas Deus fez descer do céu um fogo que as devorou*[284].

Eis o sentido destas palavras: *elas entraram na vida, e reinaram com Jesus Cristo durante mil anos*, isto é dito desses Espíritos que se mostraram dignos de passar ao estado dos puros Espíritos; *elas entraram na vida*, isto significa que eles não estão mais sujeitos à morte corporal; *mil anos* exprime um período de tempo indeterminado. *Os outros mortos não reentraram na vida até que os mil anos fossem cumpridos*, isto significa que eles não são ainda dignos de passar para o estado dos puros Espíritos, até que seja passado o tempo necessário para que eles cheguem ao grau de perfeição que esta transição necessita; por conseguinte, até então eles estarão sujeitos à morte corporal. *Está aí a primeira ressurreição*, isto é, a ressurreição positiva. *Feliz e santo aquele que tem parte na primeira ressurreição; a segunda morte não terá poder sobre estes*, isto é: santo é aquele que é ressuscitado de uma tal maneira; a morte, assim como Satã (o mal), que está acorrentado pelo anjo, não terá nenhum poder sobre ele. *Depois que os mil anos estiverem cumpridos, Satã será solto,*

[284] Apocalipse, xx, 1-9.

e sairá de sua prisão... por um pouco de tempo, isto significa que, ao cabo de um período de tempo indeterminado, quando os puros Espíritos se encarregarem de uma missão, e quando para cumpri-la eles se encarnarem nos diferentes mundos inferiores, então, nesses mundos, o mal agirá de novo sobre eles. *E ele seduzirá as nações que estão nos quatro cantos do mundo, Gog e Magog, e as reunirá para combater: seu número igualará o da areia do mar*, isto é, o mal agirá sobre os missionários, ele os seduzirá, tentá-los-á por uma quantidade de homens no meio dos quais eles habitarão nesses mundos. *Eles se espalharam sobre a terra, e cercaram o campo dos Santos, e a cidade bem-amada*, isto é, o mal cercará os missionários, esses Santos, esses puros Espíritos, e os tentará. *Mas Deus fez descer do céu um fogo que os devorou*, isto é, os missionários, fortalecidos por Deus, permanecerão firmes contra toda tentação do mal.

Eis o sentido do julgamento último e do fim do mundo, do qual nosso Salvador, por sua misericórdia, prevenia os homens. Mas, como sua clemência é infinita, e como ele sabia de antemão que os homens, por causa de sua razão limitada, de sua imperfeição, e agitados como o são por diferentes paixões, interpretariam seu ensinamento divino num sentido de tal modo desfigurado, que suas interpretações não somente não concorreriam à sua propagação, mas, bem ao contrário, que elas repeliriam os próprios crentes, e produziriam diferentes seitas e doutrinas, que renegariam a existência mesma de Deus, ele disse: *Infelizes de vós, doutores da lei, que vos apoderastes da chave da ciência; e que, não tendo entrado vós mesmos, ainda a fechastes* àqueles *que queriam entrar... Infelizes de vós, Escribas e Fariseus hipócritas, porque fechais aos homens o reino dos céus: pois não entrais vós mesmos, e vos opondes ainda* àqueles *que desejam entrar*[285]; e em sua bondade infinita ele prometeu aos seus discípulos lhes enviar, após si, o Consolador, o Espírito de verdade: *Mas o Consolador, que é o Santo Espírito, que meu Pai enviará em meu nome, ensinar-vos-á todas as coisas, e vos fará relembrar de tudo o que eu vos disse*[286]. Nosso Salvador cumpre essa pro-

[285] Lucas, XI, 52; Mat., XXIII, 13.
[286] João, XIV, 26.

messa no tempo presente; o Santo Espírito acaba de revelar aos homens o Espiritismo, instrui-os pelos Espíritos superiores e pelos de nossos parentes e de nossos amigos que estão mortos, que nos fazem efetivamente relembrar de tudo o que disse Jesus, e que restabelecem o verdadeiro sentido de suas palavras, cuja verdade nos é confirmada por fatos. Relatando-nos sua posição e nos iniciando nos mistérios da vida de além-túmulo, eles reconduzem à fé os que dela se afastaram por causa das interpretações ilógicas que foram dadas. O Espiritismo, propagando-se com rapidez sobre toda a terra, propaga ao mesmo tempo o Evangelho, o ensinamento do Cristo, entre todas as nações, a qualquer crença que elas pertençam, e por isso mesmo ele confirma as palavras de nosso Salvador: *E este Evangelho do reino será pregado em toda a terra, para servir de testemunho a todas as nações; e é então que o fim chegará*[287].

O fim chegará, isto é, o fim do século, de uma época, e não o fim do mundo, como se esforçam em dizê-lo os Doutores da Igreja, que, em todos os textos nos quais se encontra a expressão *o fim do século*, substituem-na obstinadamente pelas palavras *o fim do mundo*. Esta expressão lhes é necessária para confirmar sua interpretação errônea do julgamento último, que, de acordo com eles, é o julgamento último e decisivo, que fixa irrevogavelmente para toda a eternidade o destino de cada homem; o que é completamente falso. Entretanto, substituindo a expressão: *o fim do século*, por esta: *o fim do mundo*, eles próprios dizem que o fim do mundo consistirá, não em que ele será destruído e aniquilado, mas em que ele será mudado e renovado pelo fogo. Mas, neste caso também, eles se mantêm demasiado à letra ao explicarem as palavras do Apóstolo São Pedro: *Ora, os céus e a terra do presente são guardados com cuidado pela mesma palavra e são reservados para serem queimados pelo fogo, no dia do julgamento e da ruína dos ímpios*[288]; pois mais longe o mesmo Apóstolo diz: *Pois nós esperamos, segundo sua promessa, novos céus e uma nova terra, nos quais a justiça habitará*[289]. Por conseguinte,

[287] Mat., XXIV, 14.
[288] II Pedro, III, 7.
[289] II Pedro, III, 13.

todas essas palavras designam que nossa terra será mudada e renovada, e que a justiça aí habitará. Será que Deus, em seu poder, em sua clemência e em sua sabedoria, não poderia empregar um meio menos cruel que o fogo para renovar a terra? Por que os pobres homens seriam submetidos a tão crueis sofrimentos, assim como os inocentes animais? Isso seria conforme à perfeição e à clemência infinita de Deus? Disso resulta que essa interpretação é falsa. Este julgamento não será, tampouco, o julgamento último, decisivo, aquele que fixará irrevogavelmente o destino de cada homem para toda a eternidade, e a terra não será consumida pelo fogo. A renovação da terra se realizará de uma maneira natural, gradual, sem nenhum meio violento. Os Espíritos, tão bem os que serão banidos para os mundos inferiores, quanto os que permanecerão sobre a terra, encarnar-se-ão sempre, viverão, progredirão, morrerão e se reencarnarão, como o faziam antes e o fazem até o presente. Toda a diferença consistirá em que, nos mundos inferiores, a vida corporal dos Espíritos será mais penosa do que o era sobre a terra, e que, para os Espíritos que se encarnarão sobre a terra renovada, a vida corporal, comparativamente à de antes, parecer-lhes-á um paraíso, porque todo o mal será expulso de cima da terra. O próprio mundo dos Espíritos, que rodeará os homens da terra, não será formado senão de Espíritos bons, e, por aí, a influência dos Espíritos sobre o mundo corporal, à qual este está sempre submetido, será melhor. Se isso não fosse assim, por que a terra seria renovada? De acordo com as interpretações dadas pelos Doutores da Igreja, todos os homens, após o julgamento último, serão separados, uns para o inferno, outros para o reino dos céus; não restará, portanto, ninguém sobre a terra, e, entretanto, o Apóstolo São Pedro diz que sobre a terra *habitará a justiça*[290]. Então, para quem e entre quem esta justiça habitará, uma vez que sobre a terra não restará ninguém? Disso se segue ou que o Apóstolo São Pedro se engane, ou bem que os Doutores da Igreja interpretem mal o julgamento último.

A terra, após esta mudança, não constituirá ainda um mundo superior, no qual os Espíritos continuem seu progres-

[290] II Pedro, III, 13.

so no estado de Espíritos. Só o mal será banido da terra, mas a morte aí permanecerá, porque, neste mundo renovado, os Espíritos continuarão sempre seu aperfeiçoamento em existências corporais, e, por toda parte onde os corpos se encontram, a morte aí está necessariamente; é uma lei eterna. É a esta convicção que nós somos levados pelo golpe de vista lançado sobre a geração presente da terra. Os homens da terra são tão imperfeitos, tão fracos moralmente ainda, que lhes serão necessárias muitas provas corporais para atingir este grau de perfeição que não exige mais existências corporais. Além disso, a própria terra não pode, de seu estado presente, elevar-se de um só golpe a um grau superior de perfeição; na natureza, como já dissemos, não há bruscas transições, tudo se faz pouco a pouco em uma gradação de uma exatidão matemática. Se nós admitimos que efetivamente a terra entre naquele momento no número dos mundos superiores onde os Espíritos progridem no estado de Espíritos, então desta geração de Espíritos que se encarnam agora sobre a terra, é com dificuldade que se encontrariam alguns que, de acordo com seu grau de perfeição, pudessem aí permanecer. Não falamos dos Espíritos superiores encarnados no presente sobre a terra para cumprir uma missão; estes não pertencem à geração atual de Espíritos desta terra; no número desses Espíritos, podem-se encontrar alguns que, após terem cumprido sua missão sobre a terra, irão diretamente para os mundos superiores isentos de existências corporais.

Voltemos ainda às interpretações dos Pais da Igreja.

É-nos impossível compreender o que Macário quer dizer em sua *Teologia dogmática*, p. 487, em seu artigo sobre a estreita ligação do fim do mundo com o julgamento último. Qual é esta revelação dos filhos de Deus que terá lugar no julgamento último? E, dessa revelação incompreensível, ele deduziu uma conclusão mais incompreensível ainda:

> Portanto, diz ele, as criaturas serão neste mesmo tempo libertadas da servidão à corrupção, para participarem da gloriosa liberdade dos filhos de Deus; todo o mundo material será subtraído às consequências funestas do pecado.

Será possível que Macário possa deduzir, dessas palavras do Apóstolo São Paulo, que os próprios animais atingirão a incorruptibilidade? É um pouco demais. Embora ele não diga positivamente o que entende pela palavra *criaturas*, está claro pelo que precede que ele entendia os animais; e depois, como ele força o mundo material a partilhar a punição do pecado do homem, não há nada de espantoso em que faça os animais imortais e imperecíveis. Nossa opinião é a de que uma coisa material não pode jamais ser acusada das faltas do homem; há só criancinhas ou babás que, para deter o choro das crianças, possam inventar recompensas ou punições para um objeto que não tem a consciência de si mesmo, e que não pode sentir nem a recompensa nem a punição; por conseguinte, não há razão para punir ou recompensar uma coisa material. Depois disso, não é preciso se espantar com a cegueira dos Pais da Igreja, que afirmam bem seriamente que pelo pecado do homem Deus amaldiçoou a terra[291]? Sob o nome de criaturas, o Apóstolo São Paulo entendia seguramente apenas as criaturas dotadas da palavra, e não os animais, porque mais adiante, nesta mesma epístola aos Romanos, [capítulo 8,] versículo 38, ele dá o nome de criaturas aos Anjos, aos Principados, às Potestades. Disso resulta, portanto, que estas palavras: *as criaturas esperam com grande desejo a revelação dos filhos de Deus*, querem dizer que os seres do mundo espiritual esperam com grande desejo o tempo em que lhes será permitido se manifestarem aos homens e lhes fazer revelações para lhes abrir os olhos e para convencê-los, por sua razão, da necessidade de buscar se melhorar moralmente. É o que se cumpre no tempo presente por meio do Espiritismo, pois o Espiritismo não é senão a manifestação ou a revelação dos Espíritos, dos filhos de Deus; mas qual é a revelação dos filhos de Deus que pode ter lugar, como diz Macário, no julgamento último? É o que nós não podemos compreender.

Os Pais da Igreja dizem que com o fim do mundo material (ainda o fim do *mundo*, em lugar do *século!*) terminará o reino abençoado do Cristo e começará o reino eterno da glória.

Eles nomeiam também estes dois reinos, um a Igreja mi-

---

[291] Macário, *Teologia dogmática*, tomo I, página 378.

litante, e o outro a Igreja triunfante; dão o primeiro nome à Igreja terrestre e o outro à Igreja celeste[292].

Essa qualificação que os Doutores da Igreja lhe deram é, segundo nós, bem arrumada, pois da Igreja do Cristo, que deveria ser a do amor e da caridade, eles fizeram uma que quer atrair adeptos não pela convicção, mas pela força; é por isso que, em vez de se compadecerem dos pobres irmãos cegos e de orar por eles, votam-nos ao anátema, perseguem-nos e os torturam quando o podem.

O caráter atribuído à Igreja por seus Doutores foi a causa de sua divisão em várias comunhões que se entredilaceram, e tudo isso provém da falsa interpretação de seus dogmas. Mas, quando o Espiritismo tiver dado uma explicação verdadeira dos dogmas, assim como a autêntica significação da Igreja do Cristo fundada unicamente sobre o amor e a caridade, todas as nações da terra se unirão em uma mesma crença, as perseguições e as dissensões incompatíveis com a doutrina do Cristo desaparecerão, e a Igreja se tornará verdadeiramente triunfante. E isto acontecerá, não no céu, como o dizem os Doutores da Igreja, mas bem sobre a terra, quando esta tiver entrado na nova fase predita por nosso Salvador.

No presente, vejamos o que haverá após o julgamento último. Os Pais da Igreja respondem:

> É assim que se acabará o edifício de nossa libertação. O mundo atual, ao qual nós somos tão ligados, passará; a terra e todas as obras que aí se encontram serão queimadas; as torturas dos pecadores no inferno serão eternas; séculos seguirão os séculos, milhares de anos se sucederão, todo cálculo dos tempos se perderá, mas os sofrimentos do inferno não terão fim....[293]. A felicidade dos justos consistirá: A. no repouso de todo trabalho; B. na isenção de toda mágoa, de todo sofrimento; C. em que eles terão um lugar no festim no reino dos céus com Abraão, Isaac, Jacó e outros santos, e, por conseguinte, estarão em relação íntima com eles; D. nas relações mútuas com uma tropa inumerável de Anjos; E. em que eles se manterão de pé diante do

[292] Macário, *Teologia dogmática*, tomo II, página 147.
[293] Macário, *Teologia dogmática*, tomo II, página 514.

> trono e diante do Cordeiro, que eles o louvarão e o servirão; F. em que eles coabitarão com o Cristo e que reinarão conjuntamente com ele; G. na visão de Deus face a face[294].

Como é belo, o edifício de nossa libertação representado pelos Pais da Igreja! Eis o resultado dos sofrimentos do Cristo e de seu sangue precioso e puro vertido por nós: uns, e são a maior parte, gemem e se debatem nas atrozes e eternas torturas do inferno; os outros se regozijam no festim eterno no reino dos céus com Abraão, de pé diante do trono do Cordeiro, na visão de Deus face a face, numa palavra, encontram-se em uma inação e um repouso eternos.

Após ter lido isso, todo homem que raciocina se porá naturalmente esta questão: Por que Deus, então, criou o universo? Não é possível que ele tenha tirado do nada e dotado da vida os seres para levar uma parte deles à mesma inação na qual estavam antes de terem sido dela tirados. Mas esse repouso e essa inação eram inconscientes, o que constituía realmente um repouso; mas esta inação e este repouso concedidos, encontrando-se conscientes, longe de ser uma felicidade, não são senão sofrimentos eternos. Entrai na posição desses pobres bem-aventurados condenados a uma eterna inação! Será que isso não forma um dos mais horríveis sofrimentos eternos? E os outros, Deus os tiraria do nada à vida, para condená-los às eternas torturas do inferno? Onde estariam, depois disso, a justiça, a bondade e a misericórdia de Deus? É o caso de dizer com os materialistas: Deus não existe! A punição pode ser admitida como uma medida corretiva; mas a punição, que não tem por objetivo a correção, é uma monstruosidade que revolta todo sentimento elevado, e que nenhum sofisma pode justificar. E depois, é possível que um Espírito goze de uma felicidade completa quando sabe que seu irmão enlanguesce e se debate nos horríveis sofrimentos do inferno, que não terão fim? Para torná-lo capaz de uma tal indiferença, seria preciso endurecer seu coração, torná-lo egoísta, destruir nele todo sentimento elevado de amor e de caridade, sentimento que nosso Salvador Jesus Cristo ensinou e buscou particu-

[294] *Id.*, *ibid.*, tomo II, página 414.

larmente desenvolver em nós quando vivia sobre a terra. Ele próprio foi comovido até às lágrimas[295] vendo a dor de Maria, irmã de Lázaro; podia ele, após sua ascensão, tornar-se mais duro do que não o foi sobre a terra, e permanecer impassível diante dos horríveis sofrimentos sem fim dos pecadores no inferno? E será possível que ele tenha endurecido os corações dos justos contrariamente à doutrina que ensinou?

O Espiritismo, dando uma explicação racional dos dogmas da Igreja do Cristo, demonstra por fatos a suprema sabedoria e a bondade de Deus. Demonstra sua suprema sabedoria mostrando o objetivo da criação, que é a perfeição, e as vias pelas quais o Criador conduz suas criaturas a este objetivo. Umas atingiram os graus superiores da perfeição, outras não fazem senão começar sua existência; as mais perfeitas ajudam as mais fracas; e quanto mais um Espírito é superior, mais seu círculo de atividade se engrandece; o sentimento sublime do amor por seu próximo não morre, mas se desenvolve cada vez mais nele. Malgrado o livre arbítrio de que Deus dotou os Espíritos, ele dispôs tudo com tanta sabedoria que nenhum Espírito perecerá, mas que cada um deles atingirá a perfeição mais ou menos depressa, seguindo seu livre arbítrio. Demonstra a bondade de Deus, mostrando a solicitude paternal do Criador por sua criatura; ao menor arrependimento do pecador Deus lhe estende uma mão que socorre. Seu amor divino concede a Jesus, seu Filho bem-amado, a graça de descer sobre a terra, a fim de que o exemplo dos sofrimentos, da humilhação e da morte do Cristo, possa, sem entravar o livre arbítrio do homem, mostrar-lhe o caminho mais curto da salvação, e por isso mesmo libertá-lo dos sofrimentos que o homem se preparava em seguindo com imprevidência o caminho do erro.

Quando bem adentrou no sentido das explicações dadas pelo Espiritismo, todo homem sensato, mesmo o mais incrédulo, dirá a si forçosamente: Sim, Deus existe, Deus é sábio, todo-poderoso, todo misericordioso e supremamente justo.

Assim, tudo isso prova com evidência que o julgamento último é comum apenas aos Espíritos e aos homens da terra,

[295] João, xi, 35.

mas não aos Espíritos e aos homens do universo inteiro; ele não é o fim do mundo, mas somente o fim de uma fase para a terra e o começo de uma outra melhor. Ele não é, tampouco, o último que deva fixar irrevogavelmente a sorte de cada condenado, nem de todo eleito, para toda a eternidade. Com isso, o quadro desta transição da terra de uma fase a outra é ao mesmo tempo uma imagem da transição, para cada planeta, de um grau inferior a um grau superior.

O mundo, isto é, o universo e com ele a terra, antes como após o julgamento último, não detém sua atividade, e continua a seguir sua marcha, a tender à perfeição, o objetivo da criação.

Das penas eternas

(Deus) quer que todos os homens sejam salvos, e que venham ao conhecimento da verdade.

(I TIMÓT., II, 4.)

Os sofrimentos dos pecadores, condenados pelo último julgamento do Cristo, diz Antônio em sua *Teologia dogmática*, não terão jamais fim, e serão eternos. Essa terrível verdade:

A. é estabelecida de uma maneira clara e incontestável nas santas Escrituras. Em todas as passagens relativas ao fogo do inferno, Jesus Cristo o chama eterno: *retirai-vos de mim, malditos; ide ao fogo eterno... e então estes irão para o suplício eterno*[296]; de acordo com as palavras dos Apóstolos Paulo e Judas, os ímpios *sofrerão a pena de uma eterna danação*[297]; e, no Apocalipse, é dito que o diabo, a besta, o falso profeta e todos os seus adeptos *serão atormentados dia e noite pelos* séculos dos séculos...; e que a fumaça de seus tormentos se elevará *pelos séculos dos séculos, sem que haja para eles nenhum repouso nem de dia nem de noite*[298]. Quanto à palavra *eterno*, ela não exprime um tempo qualquer indeterminado: a prova disso é que os sofrimentos eternos dos pecadores são diretamente opostos, nas santas Escrituras, à felicidade eterna dos justos: *E então estes irão para o suplício eterno, e os justos*

[296] Mat., XXV, 41, 46; XVIII, 8.
[297] II Tess., I, 9; Judas, 6, 7.
[298] Apocalipse, XIV, 11; XX, 10.

para a vida eterna[299]. Assim, pois, os últimos gozarão da felicidade eterna da mesma maneira que os primeiros sofrerão eternamente. Além disso, a palavra *eterno* é substituída, em outros passos, onde se trata do fogo do inferno, pela palavra mais expressiva: *fogo inextinguível*[300]; e o profeta Isaías, assim como os Evangelistas, diz: *O verme* dos pecadores *não morrerá, e seu fogo não se extinguirá*[301].

B. Esta terrível verdade foi afirmada em todos os tempos pelo ensinamento da Igreja e pela voz decisiva do quinto Concílio ecumênico, que, por uma opinião contrária a este dogma, condenou Orígenes e entregou sua obra ao anátema; esse Concílio pronunciou ao mesmo tempo a excomunhão contra todos os que neguem este dogma, excomunhão que até o presente é repetida a cada ano em nossa Igreja, no domingo da Quaresma.

C. Além disso, o dogma das penas eternas estando intimamente ligado aos outros dogmas e à moral cristã, disso resulta que, se dele se duvida, abalam-se um e outro. A justiça infinita de Deus demanda penas eternas, elas estão de acordo com a suprema santidade e a sabedoria de Deus, e não contradizem absolutamente a bondade de Deus; ao passo que a dúvida desta verdade não é senão uma calúnia contra Deus e um encanto enganador e sedutor de Satã, como aquele pelo qual foi seduzido o primeiro homem. Enfim, as penas eternas são totalmente conformes aos atributos ou à natureza da alma humana, que, tendo uma vez tomado uma falsa direção, não pode mudá-la senão com muita dificuldade, mesmo sobre a terra onde ela tem para isso todos os meios. Bem mais, pode-se afirmar de uma maneira positiva que no outro mundo ela não pode mudá-la, é o que já está provado pelo exemplo dos maus Espíritos que permanecem os mesmos há séculos. Por conseguinte, os pecadores, pela natureza mesma de seu estado permanente e por sua persistência eterna e obstinada no mal, merecem e sofrerão eternamente o suplício do inferno[302].

---

[299] Mat., XXV, 46.
[300] Mat., III, 12; Marcos, IX, 43, 45.
[301] Isaías, LXVI, 24; Marcos, IX, 44, 46, 48.
[302] Antônio, *Teologia dogmática*, § 387.

É sobre essa base que está fundada a opinião dos Pais da Igreja sobre o suplício eterno dos pecadores. Nós mesmos somos da opinião de que, enquanto o homem ou o Espírito violar as leis, ele terá de suportar constantemente as consequências lastimáveis e inevitáveis dessa violação, isto é, ele sofrerá. Se nós admitimos que o Espírito viole eternamente as leis de Deus, é justo, perfeitamente justo, que ele sofra também eternamente. Mas é possível admitir, e é aí que está a verdadeira questão, que o Espírito permaneça sempre sem reconhecer suas faltas, e que se tenha votado ao mal para sempre? A isso, a despeito da opinião dos Pais da Igreja, nós responderemos positivamente: Não. Sobre o que eles fundam essa persistência dos pecadores em permanecer eternamente no mal? Sobre o exemplo dos maus Espíritos, que permanecem os mesmos há séculos. Mas onde estão esses exemplos? Não se encontram senão na imaginação dos Pais da Igreja. Com efeito, pode-se citar um só fato palpável e positivo, que possa nos provar que esse Espírito, decaído e tornado mau logo após sua criação, permaneceu o mesmo até o presente, isto é, tão mau quanto o era no momento de sua queda? Positivamente, não. Há apenas um fato positivo e palpável, é o de que desde os tempos mais recuados, de que a tradição nos conservara a memória, existiram Espíritos maus como existem ainda hoje. O primeiro fato positivo de um Espírito mau, de que temos conhecimento, é o crime de Caim que matou seu irmão; e, depois dele, houve e há ainda tantos maus Espíritos quanto é totalmente inútil falar disso, porque esses fatos são conhecidos de todo o mundo e ninguém seguramente os contestará. Mas a importância da questão não é saber se existem maus Espíritos. Eles existiram, existem e existirão eternamente; mas são eles individualmente os mesmos que aqueles que existiram no primeiro tempo? Nenhum fato positivo e palpável vem ao apoio de uma tal asserção; portanto, a opinião dos Pais da Igreja, baseada sobre o exemplo dos maus Espíritos, de que a persistência deles no mal será eterna, não é convincente; tanto mais que essa opinião não está baseada senão sobre uma suposição, e que cada suposição, qualquer que seja, pode ser verdadeira ou falsa. Que essa opinião dos Pais da Igreja é efetivamente falsa, é o que nós iremos tentar provar. Eles baseiam essa persistência dos Espíritos não somente sobre o exemplo dos maus Espíritos, mas ainda sobre a natureza da alma humana e sobre seu livre arbítrio. Mas quem deu à alma esta natureza e este livre arbítrio? Deus. Ora, antes que o mundo fosse criado, Deus, em sua presciência, sabia já todas as consequências desta natureza e deste livre arbítrio criados por ele; e, se essas consequências fossem efetivamente tais como no-las representam os Pais da Igreja, Deus, em sua bondade suprema e infinita, teria seguramente antes renunciado à criação das almas humanas do que tirá-las do nada para um tão terrível destino. Eis uma prova evidente de que a interpretação dos Pais da Igreja é falsa. Deus, em sua presciência, previu tudo isso, e, em sua sabedoria suprema e sua bondade infinita, deu ao Espírito todos os meios possíveis para que ele possa evitar todas essas consequências funestas, em lhe sugerindo um arrastamento invencível para a perfeição. Assim, pois, é da vontade do Espírito que dependem a escolha da via do bem ou do mal e a faculdade de atingir mais ou menos depressa a perfeição; mas não depende dele ou de sua vontade o sufocar inteiramente este arrastamento benfazejo para a perfeição. Da mesma forma que a hora de seu nascimento não depende dele, não está em seu poder sufocar totalmente a voz de sua consciência; cedo ou tarde, este arrastamento para a perfeição despertará nele, ele reconhecerá seus erros, e empregará toda a força de sua vontade para recuperar o tempo perdido e se melhorar o mais cedo possível, e a cessação da persistência eterna no mal acarreta forçosamente a abolição das penas eternas.

Assim, a justiça de Deus e sua bondade não sofrem absolutamente com a abolição das penas eternas, e são, ao contrário, afirmadas em toda a sua força.

Os Pais da Igreja deduzem a eternidade das penas das palavras pronunciadas por nosso Salvador, pelos Apóstolos e pelos profetas. Nós estamos perfeitamente de acordo com eles em que as penas são eternas; pois, o mundo sendo eterno, as penas devem sê-lo também, é ainda uma dessas verdades que são perfeitamente justas.

Deus criou, cria e criará incessantemente. Nosso Salvador

disse: *Meu Pai não cessa de agir até o presente, e eu ajo também incessantemente*[303]. Disso resulta que sempre houve, que há e que haverá eternamente Espíritos retardatários que seguem a via do mal, isto é, que infringem as leis eternas, e que, por esta razão, expõem-se às consequências inevitáveis dessa violação. E, uma vez que é assim com os culpados, dá-se o mesmo com a punição, isto é, ela não terá jamais fim; mas isso não indica absolutamente que um só e mesmo indivíduo seja submetido eternamente aos sofrimentos. Jesus disse: *Ide ao fogo eterno*, mas não: Ide para lá por toda a eternidade. Paulo disse: *Que os ímpios sofrerão a pena de uma eterna danação*, isto é, da danação que existe de todo tempo. João Evangelista disse: que o diabo, a besta, o falso profeta e todos os seus adeptos, isto é, o mal e todos os adeptos do mal, *serão atormentados dia e noite pelos séculos dos séculos... e que a fumaça de seus tormentos se elevará pelos séculos dos séculos, sem que haja para eles nenhum repouso nem de dia nem de noite*; e o profeta Isaías: que o *verme* dos pecadores *não morrerá, e seu fogo não se extinguirá*. Todas essas expressões são perfeitamente exatas, mas somente representam a ideia de que todas essas punições existem desde a eternidade, isto é, desde a origem dos tempos, e existirão eternamente; mas elas não significam absolutamente que um só e mesmo indivíduo será submetido aos sofrimentos por toda a eternidade sem nenhuma esperança de perdão. Isso seria totalmente incompatível com a bondade de Deus, e com as palavras seguintes de nosso Salvador, que os Pais da Igreja, falando da eternidade das penas, passam sob silêncio:

Ora, a vontade de meu Pai, que me enviou, é que eu não perca nenhum de todos os que ele me deu; mas que eu os ressuscite todos no último dia[304].

Ora, Deus Pai lhe deu todos os homens, pois todos os homens são os filhos de Deus; assim, pois, nenhum Espírito perecerá, e Jesus Cristo os ressuscitará todos no último dia, isto é, por sua Providência, ele levará cada Espírito à perfeição. Aqui, o último dia não exprime o dia do julgamento último, mas aquele em que o Espírito, que tiver atingido sua perfei-

[303] João, v, 17.
[304] João, vi, 39.

ção, passa ao estado de puro Espírito, isto é, nosso Salvador o ressuscitará com esta ressurreição de que João Evangelista diz: *Está aí a primeira ressurreição. Feliz e santo o que tem parte na primeira ressurreição; a segunda morte não terá poder sobre estes*[305]. Se Jesus Cristo o ressuscitasse apenas para condená-lo e precipitá-lo nas penas eternas, não teria cumprido a vontade de seu Pai, *de não perder nenhum de todos os que ele lhe deu*. Mais adiante, Jesus Cristo completou seu pensamento, dizendo que o ressuscitará no último dia para a vida eterna e não para a condenação eterna; ora, a vida eterna começa apenas no momento da transição do Espírito ao estado de puro Espírito, pois só então é que ele se liberta da morte: *A vontade de meu Pai, que me enviou, é que todo aquele que vê o Filho, e crê nele, tenha a vida eterna*[306]. Alguns nos objetarão, talvez, que isso se relaciona apenas àqueles que creem no Filho do homem; nós lhes responderemos que isso não somente se relaciona àqueles que creem nele, mas ainda àqueles que o veem. E nós lhes pediremos para conciliar essas palavras de nosso Salvador com uma existência única do homem sobre a terra, como o afirmam os Doutores da Igreja, após a qual o destino do homem é fixado para toda a eternidade. Admitamos que o homem não vive corporalmente senão uma única vez. Está claro, de acordo com as palavras de nosso Salvador, que a vida eterna não é dada senão àquele que vir o Filho do homem e que crer nele. De acordo com essas duas condições postas por nosso Salvador, não haverá senão um pequeníssimo número de pessoas que possam merecer a vida eterna e dela gozar, a saber: aqueles dos contemporâneos de Jesus Cristo que tiveram a ocasião de vê-lo, e que creram nele. Mas qual será a sorte dos que nasceram depois ou antes de seu advento sobre a terra, e de seus contemporâneos que não tiveram a ocasião de vê-lo? Será que estarão todos privados da vida eterna? De acordo com isso, Abraão, Isaac, Jacó e todos os profetas devem ser privados da vida eterna. Isso prova muito claramente que a asserção dos Pais da Igreja, que não admitem senão uma única existência corporal do homem, é falsa. Essas palavras de nosso Salvador mostram

[305] Apocalipse, xx, 5, 6.
[306] João, vi, 40.

que a crença no Filho do homem é uma condição indispensável para receber a vida eterna, e que a visão de sua pessoa é a sequência disso; e como, além das palavras citadas acima: *que eu não perca nenhum dos que me foram dados*, nosso Salvador mesmo disse: *Pois o Filho do homem veio salvar o que estava perdido... Assim, vosso Pai que está nos céus não quer que um só desses pequeninos pereça*[307]. *Pois Deus não enviou seu Filho ao mundo para julgar o mundo, mas a fim de que o mundo seja salvo por ele*[308]. *E o pão que eu darei é minha carne que eu devo dar para a vida do mundo*[309]. *Pois eu vim, a fim de que as ovelhas tenham a vida, e que a tenham abundantemente*[310]. Essas palavras mostram claramente que nosso Salvador veio para salvar não um punhado de homens, mas o mundo todo inteiro, toda a humanidade; por conseguinte, todos os homens, ou todos os Espíritos serão salvos, isto é, que atingirão a perfeição, atravessando muitas existências corporais, e que nem um só dentre eles perecerá. E como a fé no Filho do homem é uma condição indispensável para a salvação, isso significa que cada Espírito, por mais baixo que tenha caído e por mais perverso que seja, ajudado pelo arrastamento invencível para a perfeição de que o Criador, em sua suprema sabedoria e sua divina clemência, dotou-nos, reconhecerá cedo ou tarde seu erro e buscará dele se corrigir; sua percepção moral se esclarecerá, e ele crerá no Filho de Deus como em uma verdade pura e infalível, e quando, por sua fé e por suas boas obras, estiver depurado moralmente, será julgado digno de ver o Filho de Deus que lhe dará a vida eterna, isto é, o levará por sua Providência ao estado de puro Espírito, e a morte não terá mais presa sobre ele.

Mais adiante, os Pais da Igreja dizem que, se se duvida do dogma das penas eternas, todos os outros dogmas do Cristianismo e a própria moral cristã serão abalados.

Quanto a nós, consideramos que a supressão das penas eternas não abala em nada os dogmas do Cristianismo, mas que os refirma em lhes dando seu verdadeiro sentido, confor-

---

[307] Mat., XVIII, 11, 14.
[308] João, III, 17.
[309] João, VI, 51.
[310] João, X, 10.

me em tudo aos atributos de Deus, e que a moral ensinada pelo Cristo, fundada unicamente sobre o amor e a caridade, aparecerá sob sua verdadeira luz; de sorte que não haverá de abaladas senão as falsas interpretações dadas até o presente pelos Pais da Igreja. Para se persuadir completamente de seu erro, basta ver a que conclusão suas interpretações os levaram. Segundo eles, todos os homens, sejam justos, sejam culpados, sofrerão terrivelmente e eternamente: os culpados, pelas penas eternas, e os justos, pela ociosidade eterna. Os Pais da Igreja dão ao estado dos justos o nome de beatitude, mas essa beatitude é de natureza tão monótona que não pode sequer fazer inveja. Entretanto, de dois males se escolherá o menor: vale mais, certamente, ser ocioso que torturado.

Agora vejamos o efeito que produzem essas interpretações sobre os laicos. Encontrando sempre, nessas interpretações, contradições e incompatibilidades com a razão e as ideias já admitidas como verdades por todo o mundo; vendo, por exemplo, a ociosidade eterna chamada "beatitude", a condenação às penas eternas chamada "bondade de Deus", um suplício eterno por uma falta temporal chamado "justiça do Criador", todo homem sensato termina por rejeitar todos os dogmas da Igreja cristã. Os Pais da Igreja dizem também que Deus é um Ser todo-poderoso; entretanto, para arrancar a humanidade das garras do diabo, que não é senão um Espírito criado por Deus, ele lhe oferece em sacrifício, como resgate por toda a humanidade, seu Filho único; mas, com tudo isso, o diabo não solta de suas garras senão uma mínima parte da humanidade, e arrasta o resto ao inferno para as torturas eternas. Onde estão, depois disso, a onipotência de Deus e sua sabedoria? Se fosse preciso enumerar todas as incompatibilidades e todas as contradições de que as interpretações dos Pais da Igreja estão repletas, seria preciso escrever volumes inteiros. O pouco que dissemos basta para demonstrar as funestas consequências de suas interpretações, e mesmo nós podemos afirmar com certeza que todos os homens sensatos que terminaram por rejeitar todos os dogmas da Igreja cristã, que caíram na incredulidade e que vão algumas vezes mesmo até não mais reconhecer a existência de Deus, foram levados a este triste resultado por essas interpretações falsas, ilógicas e contraditórias.

Essas interpretações errôneas perverteram a concepção mesma da moral ensinada por nosso Salvador. Eis um fato histórico desse contrassenso, reportado por Ustryalov, em sua *História de Pedro, o Grande*:

> Um dia, Aleixo, filho de Pedro, o Grande, admite a seu confessor que ele deseja a morte de seu pai. Qual instrução, quais reprovações pensais que seu digno diretor lhe deu? "Que Deus te perdoe este pensamento, mas, nós todos, nós desejamos também a morte dele".

Eis como um diretor de consciência compreendia a moral cristã. Mas os outros Pais da Igreja compreendem melhor a doutrina do Cristo? Jesus disse muito positivamente: "Ama teus inimigos, ama teu próximo como a ti mesmo, e não acuses teu irmão". Entretanto, os Pais da Igreja não oram a Deus e nos proíbem de orar pelos grandes pecadores, pelos suicidas, pelos heréticos impenitentes etc.[311], ao passo que estes infelizes têm ainda mais necessidade da prece dos homens do que outros. Essa proibição concorda com a moral ensinada por nosso Salvador? Quando os Fariseus lhe levaram uma mulher que fora surpreendida em adultério, o que ele lhes disse? *Que aquele dentre vós que está sem pecado lhe atire a primeira pedra*[312]. E por que, então, os Pais da Igreja, a despeito do ensinamento do Cristo, condenam seus irmãos? Eles imaginam estar sem pecado e ter o direito de atirar a primeira pedra?

Os Pais da Igreja dizem que a justiça infinita de Deus pede indispensavelmente penas eternas, que elas estão de acordo com a suprema santidade e a sabedoria de Deus, e não contradizem em nada a bondade de Deus.

Já dissemos, em nosso artigo do julgamento último, que a punição sem o objetivo da correção é uma ferocidade, que revolta todo sentimento elevado; portanto, ela não pode, de nenhuma maneira, conciliar-se com sua justiça, nem com sua santidade, nem com sua sabedoria, nem com sua bondade.

[311] Macário, *Teologia dogmática*, t. II, páginas 450 e 458.
[312] João, VIII, 7.

Deus, por sua onipotência, criou os Espíritos; por sua bondade, dotou-os da razão e do livre arbítrio; por sua sabedoria, sugeriu-lhes um arrastamento invencível para a perfeição; por sua justiça, estabeleceu as consequências da violação de suas leis eternas. Assim, pois, o Espírito, de acordo com a liberdade de sua razão e de sua vontade, pode violar as leis eternas; de acordo com a justiça de Deus, ele deve sofrer uma punição proporcional ao grau dessa violação; de acordo com seu arrastamento invencível para a perfeição, de que Deus, em sua sabedoria, dotou-o, o Espírito não pode permanecer eternamente no mal, e, por conseguinte, não pode sofrer eternamente. Cedo ou tarde, ao contrário, ele se regenerará, reentrará na via do bem, e atingirá indubitavelmente a perfeição.

Mas, malgrado a evidência de todos esses fatos, o concílio ecumênico atinge de anátema todos os que rejeitam a eternidade das penas do inferno. Pode-se, depois de tal decisão, contar com a infalibilidade dos concílios ecumênicos?

Assim, as penas eternas não são admissíveis, a não ser que o Espírito permaneça eternamente no mal; mas, como uma persistência eterna do Espírito no mal não é possível, em primeiro lugar, porque ela não é conforme ao objetivo da criação, pois Deus criou os homens não somente para que cresçam, multipliquem-se e encham a terra[313], mas ainda para que se tornem perfeitos: *Sede santos*, disse ele, *porque eu sou santo... vós sereis, pois, santos porque eu sou santo*[314]*... Sede, pois, vós outros, perfeitos como vosso Pai celeste é perfeito*[315]; em segundo lugar, porque ela não é conforme aos desígnios de Deus, pois nosso Salvador disse: *Assim, vosso Pai que está nos céus não quer que um só desses pequeninos pereça*[316]; e o Apóstolo São Paulo disse também: *Que* (*Deus*) *quer que todos os homens sejam salvos e que venham ao conhecimento da verdade*[317]; e, em terceiro lugar, porque ela é contrária ao arrastamento invencível do Espírito para a perfeição, de que Deus o dotou: portanto, as penas eternas não existem e não podem existir.

[313] Gênesis, I, 28.
[314] Levít., XI, 44, 45; XIX, 2; XX, 7.
[315] Mat., V, 48.
[316] Mat., XVIII, 14.
[317] I Tim., II, 4.

Da reencarnação
Ou pluralidade das existências corporais

> Eu era uma criança bem nascida, e recebera de Deus uma boa alma. E, tornando-me bom cada vez mais, vim em um corpo que não era manchado.
>
> (SABEDORIA, VIII, 19, 20.)

> Em verdade, em verdade eu vos digo, ninguém pode ver o reino de Deus, se não nasce de novo.
>
> (JOÃO, III, 3.)

A pluralidade das existências corporais é indispensável para dar ao Espírito a possibilidade de realizar o objetivo da criação, que é de atingir a perfeição. *Sede, vós outros, perfeitos*[318], disse nosso Salvador. Uma vez que ele o disse, isso significa que cada Espírito deve atingir a perfeição, e que a atingirá infalivelmente. E, uma vez que está aí o objetivo da vida de cada Espírito, Deus lhe deu necessariamente todos os meios para aí chegar. Assim, pois, cada Espírito atingirá a perfeição, de outro modo, o objetivo do Criador não seria atingido. E o que é a perfeição? A posse de todo saber, de todas as virtudes, e a ausência de todos os defeitos. Se nós tomarmos o homem mais instruído da terra, e buscarmos determinar até que ponto ele satisfaz as condições da perfeição, encontraremos que ele não faz senão começar a carreira de sua perfeição. Pode-se compará-lo a uma criança destinada a

[318] Mat., v, 48.

entrar num estabelecimento de instrução superior, e que começa apenas a ler. Mas o que encontraríamos se tomássemos para exemplo um homem nascido entre as tribos selvagens? Isso mostra claramente que a vida terrestre do homem não forma senão uma parte mínima da vida total do Espírito, ou, por assim dizer, o começo de sua carreira. Portanto, o Espírito, que não faz senão começar a se aperfeiçoar sobre a terra, deve necessariamente continuar sua perfeição. Mas onde e como? É aí que está a questão. Se vós supondes que o Espírito não volta mais sobre a terra, como explicareis a desigualdade das faculdades dos homens, a desigualdade de seu estado? Admiti por um momento que a manifestação das faculdades depende da construção dos órgãos. Então, por que tal Espírito é dotado de órgãos melhor construídos do que tal outro? Por que o corpo de um é adoentado, e o faz sofrer durante toda a vida, enquanto que o corpo de tal outro é são e robusto? Direis que é o acaso. Mas, na natureza, não há mais acaso que milagre. A lei é imutável; todo efeito tem sua causa; somente, nos fatos ordinários, o efeito cuja causa nos é desconhecida, nós o chamamos *acaso*; nos fatos extraordinários, nós o chamamos *milagre*; no entanto, todos esses fatos têm sua causa. Do momento em que a causa desses fatos e as leis de acordo com as quais eles se produzem são conhecidas, o maravilhoso desaparece, e o acaso se explica. Portanto, a causa orgânica da desigualdade das faculdades sendo uma causa de segunda ordem, ela deve também ter sua causa; mas onde devemos buscá-la? Se não a encontramos na vida presente do homem, devemos necessariamente buscá-la anteriormente, pois a causa precede sempre o efeito. Dá-se o mesmo com a desigualdade do estado dos homens sobre a terra. E depois, qual é o objetivo da vida corporal do Espírito? Se esse objetivo consiste na aquisição de conhecimentos e no desenvolvimento do sentimento moral, por que tal Espírito é colocado entre gentes instruídas, e tal outro entre selvagens? Por que este é colocado entre gentes virtuosas, e aquele entre perversos? Enfim, porque uns gozam de vantagens de que os outros são privados? Uma vez que o Espírito vive da vida corporal, ela é para o Espírito uma necessidade inevitável; mas de que utilidade ela pode ser para o Espírito dessas crianças que morrem logo após seu nascimento? Numa palavra, todas essas questões, assim como muitas outras, são insolúveis com uma só e única existência corporal do Espírito. Admiti, ao contrário, a pluralidade das existências corporais do Espírito, e todas essas questões se resolverão muito logicamente, e o objetivo mesmo da vida corporal se torna claro. A desigualdade das faculdades se explica logicamente dizendo que os Espíritos encarnados sobre a terra já atravessaram uma quantidade de existências corporais. Com efeito, aqueles que mais viveram mais adquiriram; seus conhecimentos são mais extensos e seu sentimento moral mais desenvolvido. Para aqueles que menos viveram, os conhecimentos não são tão vastos, e seu sentimento moral é pouco desenvolvido. O Espírito não perde jamais o que adquiriu em conhecimentos e em progresso moral durante suas existências corporais. Encarnando-se, ele traz consigo a intuição de todos os conhecimentos e de todas as qualidades morais que adquiriu em suas existências precedentes; e esses conhecimentos e essas qualidades morais agem sobre os órgãos materiais do novo corpo que o Espírito recebeu. Agindo sobre os órgãos que lhes correspondem, desenvolvem-nos tanto mais energicamente quanto os conhecimentos adquiridos são vastos e as qualidades morais mais enraizadas nele. Daí provém a diferença que notamos entre as crianças: umas pegam como no ar tudo o que se lhes ensina, porque seu Espírito, em suas precedentes existências, foi muito exercitado e se desenvolveu fortemente; e então se diria que ele não faz senão se recordar do que já soube. Outras, que, em suas existências precedentes, não tiveram o tempo de adquirir tantos conhecimentos e de se apropriar tanto de qualidade morais, têm os órgãos materiais de seu corpo pouco desenvolvidos, ou antes desenvolvidos na proporção de seus conhecimentos e de suas qualidades morais, pois o impulso do Espírito sobre seus órgãos, para desenvolvê-los, não é tão forte. Tal é a causa da desigualdade das aptidões e das qualidades morais que encontramos sobre a terra entre os homens.

Para nos confirmar nesta opinião, de que os órgãos materiais se desenvolvem na proporção dos conhecimentos e das qualidades morais que os Espíritos, encarnando-se, trazem consigo, não temos senão de olhar a forma do crânio dos selvagens e daquele dos homens civilizados. De acordo com os dados que o Espiritismo nos apresenta, nós sabemos que entre os selvagens se encarnam os Espíritos retardatários, que são pouco desenvolvidos intelectualmente e moralmente. Por isso, vemos a parte posterior de seu crânio, sede dos órgãos dos instintos, dominar sobre a parte anterior, sede dos órgãos intelectuais, enquanto que a parte anterior do crânio dos homens civilizados, entre os quais se encarnam os Espíritos que já atingiram um certo grau de desenvolvimentos intelectual e moral, encontra-se tanto mais desenvolvida quanto eles são mais instruídos e mais morais.

Nós sabemos que no corpo dos idiotas se encarnam os Espíritos culpados que, em suas existências precedentes, abusaram de suas faculdades, que podiam se estender até o gênio. Os órgãos de seu corpo são tão grosseiros e oferecem uma tal resistência às manifestações da inteligência, que o Espírito não está em estado de superá-la.

A desigualdade das condições na sociedade se explica da maneira seguinte. O Espírito, entrando após a morte de seu corpo no mundo dos Espíritos, recobra a liberdade de todas as faculdades que tinha como Espírito, e que, durante sua encarnação, estavam obscurecidas pelos órgãos da matéria; a lembrança lhe volta, ele se recorda de todas as suas existências precedentes, vê todas as faltas que cometeu, reconhece o que tem a aperfeiçoar em si, de quais defeitos deve se desfazer, e, em consequência, pede a Deus uma nova encarnação num meio e nas condições que possam lhe dar a ocasião de se fortalecer nas virtudes que lhe faltam, ou de se desfazer dos defeitos que tem ainda, de sorte que um escolhe as provas pela pobreza, o outro pela riqueza, sabendo que se as suporta com sucesso, avançará na via da perfeição, e sua existência corporal seguinte será menos penosa. Se sucumbe, ao contrário, essa existência será perdida para ele, e deverá recomeçá-la em condições talvez mais penosas.

Talvez nos objetem que, se a escolha das provas depende do próprio Espírito, ele escolherá sempre as da riqueza. Sim, falais assim quando estais ainda sobre a terra, e não estais bem convencidos do objetivo dessas provas. Mas o Espírito, que vê a vida sob seu verdadeiro ponto de vista, entrevê a felicidade dos bons Espíritos, e, comparando-a com os gozos temporais da vida terrestre, vê sua curta duração, sua puerilidade e seu nada; ele aí renuncia, portanto, sem pesar, e escolhe a pobreza, que o adiantará mais cedo à felicidade eterna, seu objetivo final, pois ele sabe que a vida terrestre é uma vida de expiação e não de gozos. É assim que nós mesmos, aqui embaixo, privamo-nos de diferentes confortos da vida, que nos submetemos de nosso próprio grado a diferentes privações e a um trabalho obstinado, para nos assegurar dias pacíficos na velhice. Assim explicada, a causa da desigualdade das condições que nós vemos sobre a terra não é em nada contrária nem à justiça, nem à bondade de Deus. Isso explica também por que um recebeu um corpo são e robusto, e o outro um corpo débil e adoentado; isso explica todas as infelicidades que atingem o homem, não aquelas que provêm de sua própria imprudência, de sua imprevidência, de suas paixões, a causa dessas infelicidades é evidente, mas aquelas que parecem persegui-lo sem nenhum motivo aparente. Todas essas infelicidades não são senão provas escolhidas pelo próprio Espírito, seja para expiar faltas cometidas, seja para se purificar de alguns defeitos, ou, enfim, para se fortalecer nos sentimentos de submissão, de humildade etc.

Talvez nos digam que, uma vez que o homem não se recorda de suas existências precedentes, ele não se recorda, tampouco, das resoluções que tomou no estado de Espírito, e que, por conseguinte, está privado do meio mais poderoso de cumpri-las. A isso responderemos: Se o homem tivesse a lembrança do que ele foi, e do que ele fez, teria também a lembrança das ações dos outros, e, encontrando-se de novo sobre a terra com eles, estaria numa posição embaraçosa, porquanto é duvidoso que algum de nós pudesse se gabar de todas as suas ações passadas, e não buscasse mergulhá-las no esquecimento. A lembrança do passado poderia nos colocar em uma falsa posição, embaraçar nossas relações recíprocas, e restringir a liberdade de nossas ações. Mas Deus, em sua sabedoria e em sua bondade, deixou-nos tanta lembrança dessa resolução quanto seria preciso para nos guiar: ele deu ao homem a voz da consciência, que o detém nas ações que são contrárias às resoluções tomadas no estado de Espírito; e depois, ele deu a cada homem para o guiar um Espírito superior ou um Anjo guardião, que, por intuição, sem forçar nosso livre arbítrio, desvia-nos das más ações, e nos encoraja no bem. Nós devemos, portanto, render graças a Deus por nos ter libertado dessas lembranças, antes penosas que agradáveis, e por nos recordar, quando é necessário, por nossa consciência e por nosso Anjo guardião, das resoluções que tomamos no estado de Espírito.

A morte das crianças deve ser considerada algumas vezes como uma prova, em relação aos pais; e, em relação ao próprio Espírito, essa existência de curta duração é uma prova, pois a perturbação que o Espírito sente antes da encarnação e após a morte de seu corpo é também uma prova, e ao mesmo tempo serve como de complemento à sua existência precedente, que foi talvez interrompida antes do termo.

A pluralidade das existências corporais do Espírito, que explica de uma maneira lógica todos os fenômenos que até este tempo permaneceram inexplicáveis, deve ser verdadeira necessariamente; mas, para disso nos convencermos plenamente, indiquemos os passos das santas Escrituras que constatam a pluralidade das existências do Espírito, que os Pais da Igreja deixaram sem explicação, ou dos quais deram uma interpretação errônea.

No Antigo Testamento, nós encontramos as palavras seguintes, de Jó: *Quando o homem está morto, ele vive sempre; terminando os dias de minha existência terrestre, esperarei, pois aí voltarei de novo. E depois disso tu me chamarás e eu te obedecerei*[319].

Essas palavras não explicam muito claramente a segunda reencarnação do Espírito? Após a morte do homem, seu espírito viverá, e após terem terminado os dias de sua existência corporal, esperará, isto é, permanecerá por algum tempo no estado de Espírito, depois viverá de novo de uma vida corpo-

[319] Jó, XIV, 14, 15. Em relação a essas palavras de Jó, devemos fazer notar que na Bíblia francesa a tradução deste texto não é conforme ao texto eslavo; é por

ral. Depois disso, quando Deus o chamar, ele novamente se tornará Espírito.

O relato de Moisés no tocante à vida dos primeiros homens, e seu banimento do paraíso, não pode ser interpretado de outro modo, como já o explicamos em nosso artigo do Pecado original (páginas 87-89), no qual nós vimos que Moisés, sob o nome de *paraíso*, entendia um outro mundo, um mundo à parte, no qual os Espíritos realizam sua primeira existência corporal, e que, pelo banimento do paraíso, é preciso entender a morte ou banimento daquele mundo, e sua reencarnação sobre nossa terra. Ora, se admitis que o paraíso, como o explicam os Pais de Igreja, esteve efetivamente sobre a terra, e não constituiu um mundo à parte, então as palavras de Deus: *Ao mesmo tempo em que dele comeres, morrerás muito certamente*, tornam-se falsas, porque o primeiro homem, após sua queda, viveu ainda muitas centenas de anos. Portanto, de duas coisas uma: ou o paraíso é um outro mundo que não a terra, ou as palavras de Deus são falsas; mas, como a última suposição é desarrazoada e impossível, é preciso admitir que o relato alegórico de Moisés sobre os primeiros homens constata evidentemente a pluralidade das existências corporais do Espírito.

O pecado original constata também a pluralidade das existências corporais do Espírito, pois, com uma só e única existência, esse pecado não tem nenhum sentido, como já o explicamos em nosso artigo do Pecado original (páginas 93-101), ao passo que, com a pluralidade das existências corporais do Espírito, ele se torna totalmente racional.

A redenção do gênero humano por nosso Salvador Jesus Cristo não se torna compreensível senão com a pluralidade das existências corporais do Espírito. Admitindo uma só e única existência, todas as interpretações dos Pais da Igreja (páginas 112-114) encerram apenas contradições e não explicam nada, de sorte que não se pode compreender quem foi resgatado por nosso Salvador, nem de que. Eles dizem que ele resgatou os homens, mas, como eles continuam sempre a enviar os pecadores para a geena ardente pela eternidade, é

isso que fomos obrigados, para conservar o sentido do texto eslavo, a vertê-lo por nossas próprias palavras.

evidente que Jesus Cristo resgatou apenas os justos, que não tinham necessidade da redenção. Dizem que ele nos resgatou da morte, mas apesar disso os homens continuam a morrer; dizem que ele destruiu o império do diabo, mas o diabo continua sempre a correr pelo mundo e a arrastar os homens para o inferno. Em que consiste, então, a redenção? Quem é resgatado e de que se é resgatado? É o que os Pais da Igreja não nos explicam positivamente.

A pluralidade das existências corporais do Espírito é constatada também pelas palavras de nosso Salvador e pelas dos Apóstolos.

Jesus Cristo perguntou aos seus discípulos: *Que dizem os homens no tocante ao Filho do homem? Quem eles dizem que eu sou? Eles lhe responderam: Uns dizem que tu és João Batista, outros Elias, outros Jeremias, ou algum dos Profetas*[320].

Que significa essa resposta? ⊠ Que os homens acreditavam que o Espírito de João, ou de Elias, ou de Jeremias, ou de algum dos Profetas, estava encarnado nele. Isso não demonstra uma segunda existência corporal do Espírito de João, de Elias, de Jeremias? Mas, se se admitem duas existências, não há então nenhuma razão para não admitir muitas. Jesus, após ter recebido de seus discípulos essa resposta, não contestou absolutamente a opinião deles sobre a segunda existência corporal do Espírito, o que demonstra que ele não a considerou como errônea, mas, muito pelo contrário, ele mesmo confirmou essa verdade por sua resposta aos seus discípulos, que lhe perguntavam: *Por que, então, os escribas dizem que é preciso que Elias venha antes? É verdade que Elias deve vir*, respondeu ele, *e que restabelecerá todas as coisas. Mas eu vos declaro que Elias já veio, e eles não o conheceram; mas o trataram como lhes aprouve. É assim que farão sofrer o Filho do homem. Então seus discípulos compreenderam que era de João Batista que ele lhes falara*[321]. Na sequência, Jesus Cristo, falando ao povo, repetiu a mesma coisa; ele lhe disse: *Pois até João todos os Profetas, tão bem como a lei, profetizaram: e, se quereis compreender o que eu vos digo, é ele mesmo* (*João*)

[320] Mat., XVI, 13, 14; Marcos, VIII, 28; VI, 15, 16.
[321] Mat., XVII, 10-13.

que é esse Elias que deve vir[322]. – Essas palavras tão claras demonstram com evidência que o Espírito de Elias estivera reencarnado no corpo de João Batista; portanto, esse Espírito viveu corporalmente duas vezes: uma vez no corpo de Elias, e a segunda vez no de João.

Jesus Cristo confirmou a pluralidade das existências corporais com mais clareza em sua conversa com Nicodemos.

Jesus lhe respondeu: *Em verdade, em verdade, eu vo-lo digo, ninguém pode ver o reino de Deus, se não nasce de novo. Nicodemos lhe disse: Como pode nascer um homem que já é velho? Pode ele reentrar no seio de sua mãe, para nascer uma segunda vez? Jesus lhe respondeu: Em verdade, em verdade, eu vo-lo digo, se um homem não nasce da água e do Espírito, não pode entrar no reino de Deus. O que é nascido da carne é carne; e o que é nascido do Espírito é Espírito. Não vos espanteis do que eu vos disse, que é preciso que vós nasçais de novo. O Espírito sopra onde quer, e ouvis sua voz; mas não sabeis de onde ele vem, nem para onde ele vai: dá-se o mesmo com todo homem que é nascido do Espírito*[323].

Os Pais da Igreja relacionam essas palavras ao batismo. Hoje alguns membros do clero pretendem que a expressão: *quem* não nasce de novo, não é justa, que essa expressão é imaginada pelos Espíritas, e que, no Evangelho, é dito: *quem* não nasce do alto. Nós devemos dizer contra isso que a expressão: *quem nasce de novo*, encontra-se na edição da Sociedade Bíblica de São Petersburgo, impressa em 1823, quando não se tratava ainda do Espiritismo. Aliás, esta expressão, *de novo*, é totalmente justa, porque a palavra ανωθεν [*anoten*], que se encontra no texto original, tem duas significações: significa *do alto*, quanto se trata de um endereço ou localidade, mas significa *de novo*, quando se trata de tempo[324], como é aqui o caso. Além disso, a justeza desta expressão é confirmada pela resposta ou a réplica de Nicodemos: *Como pode nascer um homem que já é velho? Pode ele reentrar no seio de sua mãe para nascer uma segunda vez?* Portanto, está cla-

---

[322] Mat., XI, 13-14.
[323] João, III, 3-8.
[324] *Dicionário Grego-Francês*, por Jos. Planche, 3ª edição; Paris, 1824. Ver a palavra ανωθεν.

ro que Jesus disse: Quem não nasce *de novo* e não *do alto*. Mas como Jesus disse mais adiante: *Quem não renasce da água e do Espírito*, admitamos por um momento que essas palavras, como o dizem os Pais da Igreja, relacionem-se ao batismo; nesse caso, como conciliareis com essas palavras a santidade de Abraão, de Isaac, de Jacó e dos Profetas, que viveram muito tempo antes do advento de Jesus Cristo sobre a terra, quando não havia ainda o batismo pela água e pelo Espírito? Portanto, as palavras de Jesus Cristo devendo ser verdadeiras, esses personagens não podiam entrar no reino de Deus, porque não eles eram batizados pela água e pelo Espírito. E como os Pais da Igreja dizem que o homem não vive corporalmente senão uma só vez, a porta desse reino lhes está fechada para sempre, de sorte que eles não poderão jamais aí entrar. Essa reflexão força necessariamente todo homem sensato a convir que essas palavras de nosso Salvador não se relacionam ao batismo, mas que exprimem algum outro pensamento, nomeadamente o de que o homem não pode, em uma única existência corporal, aperfeiçoar-se a tal ponto que seja digno de entrar no reino de Deus, mas que ele deve nascer de novo e reviver corporalmente. E quando, pela réplica de Nicodemos: *Como pode nascer um homem que já é velho? Pode ele entrar no seio de sua mãe, para nascer uma segunda vez?*, Jesus viu que este supunha que era preciso nascer com o mesmo corpo, então, para dissipar esse erro, ele lhe disse: *Em verdade, em verdade, eu vo-lo digo, se um homem não renasce da água e do Espírito*, isto é, se ele não renasce da carne e do Espírito, pois, à época de Jesus Cristo, sob o nome de água, entendia-se a matéria. Por conseguinte, a expressão: *nascido da água e do Espírito* queria dizer: nascido da carne e do Espírito. Que à época de Jesus Cristo, sob o nome de água, entendia-se efetivamente a matéria, podemo-lo ver pelas palavras de São João Evangelista: É este mesmo Jesus Cristo que veio com a água e com o sangue, isto é, com a carne e o sangue; *E há três que dão testemunho na terra:* o *Espírito, a água e o sangue*[325], isto é, o Espírito, a carne e o sangue. Que Jesus Cristo, sob o nome de água, entendia efetivamente a

[325] I João, v, 6, 8.

matéria ou a carne, podemo-lo ver por isto, que, após ter dito: *Quem não renasce da água e do Espírito*, ele próprio explicou imediatamente essas palavras pelas seguintes: *O que é nascido da carne é carne; e o que é nascido do Espírito é Espírito*, isto é, que o corpo, como proveniente da matéria, é perecível e deve ser destruído, e que é só o Espírito que é imperecível e imortal. Mas, notando que Nicodemos não o compreendia ainda, ele lhe repetiu ainda uma vez: *Não vos espanteis do que eu vos disse, que é preciso que vós nasçais de novo*, e acrescentou, para ser mais claro: *O Espírito sopra onde quer, e ouvis sua voz; mas não sabeis de onde ele vem, nem para onde ele vai*, isto é, o Espírito vive onde quer; quando nós vemos um homem que age e que fala, reconhecemos nele a presença do Espírito, isto é, ouvimos sua voz, mas não sabemos de onde ele vem quando vem animar um corpo, nem para onde ele vai após a morte do homem. Por essas palavras, Jesus quis mostrar a Nicodemos que no homem a parte principal é o Espírito, e não o corpo. *Dá-se o mesmo com todo homem que é nascido do Espírito*, isto é, isso se relaciona a todos os homens: os homens não podem entrar de outro modo no reino de Deus, a não ser suportando tantas existências corporais quanto é necessário para chegar ao grau de perfeição indispensável para obter a graça de entrar no reino de Deus.

Os discípulos de Jesus, tendo notado um homem que era cego de nascença, fizeram-lhe esta pergunta: *Mestre, é o pecado deste homem, ou o pecado daqueles que o puseram no mundo, que é causa de que ele nascesse cego?*[326] Embora Jesus lhes tenha respondido *que não é que ele tenha pecado, nem aqueles que o puseram no mundo; mas que era a fim de que as obras do poder de Deus resplandecessem nele*, essa questão dos discípulos de Jesus mostra igualmente que a pluralidade das existências corporais do Espírito lhes era conhecida, de outro modo, o pensamento da punição do Espírito, por suas próprias faltas, no momento de sua criação, quando ele ainda não viveu nem agiu, não poderia lhes vir, e não teria sentido. Essa questão prova que os discípulos de Jesus tinham conhecimento da pluralidade das existências, e que supunham que

[326] João, IX, 2.

este Espírito já tinha vivido corporalmente, e que, nesta nova existência corporal, ele nasceu cego por punição pelas faltas que tinha cometido em uma existência precedente.

E depois, como, sem a pluralidade das existências corporais, explicareis as palavras seguintes de nosso Salvador: *Que esta raça não passará, até que todas estas coisas sejam cumpridas*[327], e *a vontade de meu Pai, que me enviou, é que todo aquele que vê o Filho, e crê nele, tenha a vida eterna*[328]?

As palavras da primeira citação não seriam verdadeiras, pois todos os contemporâneos de Jesus Cristo já estão mortos, e seu segundo advento, que ele predisse, não está ainda cumprido; portanto, está claro que, sob as palavras *esta raça*, ele entendia, não a raça ou a geração dos homens que viveram em seu tempo, mas a raça ou a geração dos Espíritos que se encarnaram em seu tempo sobre a terra, e que continuam a aí se encarnar até o presente, como o explicamos em nosso artigo do Julgamento último (páginas 169-170). As palavras da segunda citação tampouco seriam verdadeiras, pois disso se seguiria que só aqueles teriam tido a vida eterna: os que tiveram a ocasião de ver o Filho de Deus, e que acreditaram nele. Mas que razão há para privar da vida eterna aqueles que nasceram antes ou após seu advento sobre a terra, e aqueles que, embora vivos naquele mesmo tempo, não tiveram a ocasião de vê-lo? Cometeram eles alguma falta? Resulta daí que todos os justos do Antigo Testamento, que nossa Igreja reconhece por bem-aventurados, devem ser privados da vida eterna. Nós tratamos desse assunto de uma maneira detalhada em nosso artigo das Penas eternas (páginas 194-196).

Enfim, os Pais da Igreja, que se mantêm tão obstinadamente em uma só e única existência corporal do Espírito nas suas interpretações dos dogmas da Igreja cristã, admitem, eles mesmos, a pluralidade das existências corporais do Espírito, quando pensam que as duas testemunhas de que se tratam no Apocalipse[329] não são outras que Enoque (de acordo com Sirac 44:16) e Elias, o Tesbita (Malaquias 4:5-6 e Sirac 48:9-10). E como estas duas testemunhas serão homens, uma

[327] Mat., XXIV, 34.
[328] João, VI, 40.
[329] Apocalipse, XI, 3-12.

vez que é dito que elas serão mortas, isso mostra que em seus corpos estarão encarnados o Espírito de Enoque e o de Elias.

Todos esses passos das santas Escrituras e as explicações lógicas que decorrem da pluralidade das existências corporais do Espírito, e que resolvem sem esforço todos os casos que permaneceram inexplicáveis até o presente, dão pleno direito de concluir que a pluralidade das existências corporais do Espírito é uma verdade e uma verdade absoluta.

Conclusão

O Espiritismo, dando a todos os dogmas da Igreja do Cristo uma explicação lógica, restabelece seu verdadeiro sentido, e, confirmando sua realidade, reconduz à fé os que dela se afastaram. Em nos representando Deus como um pai bom e misericordioso que tem um cuidado paternal com seus filhos, ele nos inspira a obediência e a submissão à sua vontade, e por isso alivia nossos sofrimentos nas infelicidades pelas quais somos afligidos. Revelando-nos a vida de além-túmulo, os Espíritos que viveram sobre a terra, pela descrição que nos fazem eles mesmos do estado em que se encontram em consequência de suas boas ou más ações, convencem-nos de que nenhuma de suas boas obras fica sem recompensa, da mesma forma que toda má recebe sua punição. Esta revelação nos leva a nos observarmos, a tentarmos trabalhar em nossa melhoria moral, e desenvolve em nós o sentimento do amor e da caridade pelo próximo. Esta doutrina, diz-se, é uma instigação do diabo. Os Fariseus de outrora olhavam Jesus Cristo como inspirado de Satã, e o crucificaram, e os Fariseus de nosso tempo olham o Espiritismo, obra do Santo Espírito, como uma instigação do diabo. É possível que dezoito séculos não tenham bastado aos homens para se tornarem razoáveis, e que eles permaneçam tão cegos quanto eram no começo desse período, e que, não podendo crucificar o próprio Santo Espírito, eles queimem publicamente em uma fogueira seu ensinamento?

Mas, como não há efeito sem causa, tentaremos pesquisar donde vêm as perseguições incessantes das quais o Espiritismo é alvo da parte do clero, assim como de outras pessoas, e donde provêm a fé robusta de uns no Espiritismo, e a dúvida penosa de outros[330].

O Espiritismo apareceu num tempo em que a existência dos Espíritos era considerada pela maioria como superstição grosseira, superstição sustentada pelo clero por dever antes que por convicção. Quanto aos outros, entre os quais se pode contar o clero, acreditavam na existência dos Espíritos, mas sobre eles formaram a ideia mais falsa.

O clero apresentava os Espíritos como seres fictícios que não tinham nenhuma forma, e os dividia em três ordens: os anjos, os demônios e as almas humanas. Os primeiros estão nos céus, de pé diante do altar de Deus, cantando incessantemente sua glória, e não tendo nenhum interesse nos infelizes homens. As almas humanas, após terem sofrido algum tempo sobre a terra em seus corpos carnais, e uma vez libertadas após a morte, esvoaçavam-se não se sabe onde para irem, semi-inconscientes de seu estado indefinido, esperar o julgamento último em uma região desconhecida, e receber lá a recompensa ou a punição das obras realizadas durante sua vida terrestre. Só os demônios, que gozam do privilégio da liberdade e da ubiquidade, vivem de uma vida completa; eles penetram em todas as regiões, sem excetuar o próprio paraíso, onde seduziram nossos pais; eles preenchem o ar, perturbam os infelizes homens, partilham com Jesus Cristo e com os anjos de Deus o poder de julgar as almas humanas após a morte, e, enfim, têm a audácia de tentar o próprio Filho de Deus. Eis a ideia dos Espíritos, dada pelo clero.

Quanto ao pequeno número dos que se denominam crentes, não têm nenhuma ideia decidida dos Espíritos, não raciocinam, mas creem cegamente que há um Deus, que Jesus Cristo sofreu para salvar o gênero humano, que o diabo é um inimigo de Deus e dos homens; temem o fogo do inferno, e pedem para si o reino dos céus; mas jamais se perguntaram o que é o Espírito, o anjo, o diabo, em que consiste a redenção

[330] Esta última questão foi proposta no número 5 do jornal espírita: *A Voz de Além-Túmulo*, 1864.

do gênero humano, o que é o paraíso e o inferno, e não se importam absolutamente com as interpretações dadas pelos Pais da Igreja a esses dogmas, e não os conhecem mesmo, o que é uma felicidade para eles; pois, se viessem a estudá-los e a conhecê-los, sua fé firme e cega seria então indubitavelmente abalada, e a dúvida entraria em seus corações.

Tal era o estado dos espíritos, quando o Espiritismo apareceu. É muito natural que ele tenha encontrado os adversários mais encarniçados entre estas duas últimas categorias de homens: o clero e os crentes cegos.

O clero, convencido da realidade das manifestações dos Espíritos, relacionou-as logo à intervenção de Satã, uma vez que, segundo ele, este é o único dos Espíritos que goza da vida completa e da plena liberdade de suas ações. As comunicações de Espíritos levianos que eles ouvem, e que contradizem a moral e o bom senso, firmam ainda mais os membros do clero nessa opinião.

Os crentes cegos, ou os fanáticos, que não estão habituados a raciocinar, e que aceitam com uma fé cega tudo o que o clero diz, creram, na simplicidade de seus corações, que o Espiritismo é realmente a obra de Satã, e se revoltaram contra ele com mais furor ainda do que o próprio clero.

Os materialistas, que não reconheciam senão a matéria, e que não admitiam nada fora da matéria, não podiam, como se compreende muito facilmente, admitir o Espiritismo, que está fundado sobre a existência dos Espíritos; e, tratando tudo isso como fábulas, zombavam da religião e do Espiritismo, assim como do clero e dos espíritas.

Essas três categorias de homens estão de tal forma persuadidos de suas crenças, que, ouvindo falar do Espiritismo e de suas manifestações, essas pessoas nem mesmo acreditaram necessário conhecê-lo e examiná-lo, pois o olharam como um objeto pueril e trivial que não somente não merecia ser examinado seriamente, mas que nem mesmo era digno da menor atenção. Em consequência disso, não se deram ao trabalho de estudar os seus primeiros princípios; formaram dele uma ideia tão falsa como a que têm dos Espíritos, atribuindo-lhe coisas nas quais ele jamais pensou.

O clero, olhando o diabo até o dia do julgamento último como tão poderoso quanto Deus, atribuiu todas as manifestações espíritas à intervenção de Satã, e se persuadiu de que o Espiritismo era uma magia, uma feitiçaria, que para a evocação dos Espíritos exigia sinais cabalísticos, práticas misteriosas[331]. Por essa razão o clero atingiu de anátema este ensinamento divino, e, em Barcelona, honrou-o com um auto-de-fé.

Mas, para pronunciar sua opinião a propósito de um assunto qualquer, é indispensável estudá-lo previamente; pelo menos nós pensamos que todo homem sério e positivo deve agir assim, para não ter de enrubescer em consequência de uma opinião errônea, enunciada com precipitação e leviandade.

Que desapontamento se preparam esses críticos inconsiderados que, após terem estudado o Espiritismo, ver-se-ão mais tarde forçados a convir que se enganaram, a confessar que a opinião que publicaram com tanta precipitação era falsa e errônea, a reconhecer que o Espiritismo não somente não emprega nenhum sinal cabalístico, nenhuma prática misteriosa, mas que previne seus adeptos contra semelhantes conselhos que dão por vezes Espíritos levianos, e que ele prescreve para as evocações estar concentrado, dirigir preces fervorosas a Deus, e ter o desejo sincero do bem! O que há de satânico, de feérico e de cabalístico nestas prescrições? O Espiritismo não faz mistério para ninguém; todos os seus fenômenos se produzem à luz do dia; ele é acessível a qualquer um que deseje sinceramente estudá-lo.

Não acusamos o clero de perseguir o Espiritismo; pois é sobre ele, em sua qualidade de servidor do altar, mais que sobre qualquer outro que repousa o dever de preservar a fé cristã de toda doutrina errônea. Ele trata o Espiritismo como um ensinamento falso; por isso, tem todo o direito de afastar dele os verdadeiros crentes. Mas o que não podemos lhe perdoar é seu julgamento irrefletido em relação ao Espiritismo. Por que o toma por um ensinamento falso? Estudou-o? Não, fez dele uma ideia própria e especulativa à qual faz a guerra,

[331] O arcipreste Gr. Debolsky, em um artigo sobre o Espiritismo, inserido no jornal russo *Raduga* (*Arco-Íris*), 1864, página 35, número 4, diz: "Em Espiritismo, é preciso empregar o sortilégio, possuir o saber cabalístico, evocar os Espíritos em comunhão conosco. Por conseguinte, a prática dos Espíritas, fundada sobre esta arte místico-mágica, não pode ser aprovada".

assegurando que esta doutrina é uma intervenção de Satã. Mas ninguém sonha em contradizer isso, Senhores Doutores, e mesmo nós concordamos que essa ideia não podia vos ser inspirada senão por Satã. Tranquilizai-vos e examinai melhor nossa doutrina, e vereis então que o Espiritismo, como o entendeis, não se assemelha em nada ao verdadeiro Espiritismo.

O clero vê milagres nas manifestações espíritas, e, não se dando ao trabalho de buscar a causa delas, relaciona-as à intervenção do diabo. Os Fariseus não se comportavam de outro modo, em presença dos milagres realizados por Jesus Cristo; eles diziam também que era com a ajuda de Satã que Jesus Cristo os fazia! Não seria mal para os doutores aproveitar essa lição que a história lhes dá; e, antes de pronunciar uma condenação decisiva sobre um assunto tão grave, não deveriam eles estudá-lo com a mais escrupulosa atenção, para não pronunciarem, por uma condenação precoce e irrefletida, uma blasfêmia contra o Santo Espírito, que, de acordo com São Mateus, *não lhes será remida nem neste século nem no século por vir*[332]?

Dissemos mais acima que o clero vê milagres nas manifestações espíritas; é uma prova evidente de que não estudou nem conhece a doutrina espírita. Nenhum verdadeiro espírita vê milagres nas manifestações espíritas; ele as considera naturais e fundadas sobre leis da natureza; pois o Espiritismo não constitui uma ciência puramente especulativa ou mística, é uma ciência positiva, fundada sobre as observações e sobre os fatos.

O Espiritismo descobriu uma lei nova, uma força nova da natureza: a lei da ação do Espírito sobre a matéria, do mundo espiritual sobre o mundo corporal e vice-versa. É uma lei geral, que existia desde o começo dos tempos, mas que, antes do Espiritismo, não era conhecida, embora cada um tenha sentido a aplicação dela sobre si mesmo, sem suspeitar de sua existência. Não se deu o mesmo com a lei do peso, da eletricidade, do magnetismo etc., que, quando de sua descoberta, também encontraram muitos contraditores, e que foram negadas por longo tempo pelos corpos científicos, como se nega

[332] Mat., XII, 31, 32.

hoje o Espiritismo?

É sempre com um sentimento doloroso que lemos os artigos dirigidos contra o Espiritismo. Com efeito, não é um espetáculo aflitivo ver homens sérios e positivos anunciarem com leviandade sua opinião sobre um objeto que lhes é totalmente desconhecido?

Vós, pastores da Igreja, que impressão não sentiríeis e que opinião não teríeis de um homem que, sem conhecer a religião cristã, pusesse-se a escrever ou a falar contra ela, atribuindo-lhe os dogmas maometanos e as práticas dos eunucos, as cambalhotas dos dervixes e outras coisas semelhantes? É esta mesma impressão penosa que vossos artigos vazios de sentido e de verdade, assim como as pregações e as circulares do clero romano contra o Espiritismo, produzem sobre um verdadeiro espírita. Estudai o Espiritismo, estudai-o em toda a sua profundidade, estudai-o com toda a vossa atenção, pois é um de vossos deveres mais diretos e mais indispensáveis. Se o Espiritismo é uma verdade, ele constitui então um dos dogmas da fé cristã, o dogma de apropriar, pelo intermédio do Santo Espírito, a cada homem, a redenção do gênero humano por nosso Salvador Jesus Cristo[333]; e vós, de acordo com vosso título de pastores da Igreja, não podeis a isso vos recusar, nem desdenhá-lo. Ora, se o Espiritismo é uma doutrina falsa, contrária, como o assegurais, ao ensinamento do Cristo, vós deveis também, de acordo com vosso título de pastores da Igreja e de nossos guias espirituais, estudá-lo seriamente para estarem em estado de nos desviar dele, não pelos anátemas, que em nosso século perderam toda a sua força, mas pela convicção, mostrando-nos dele as doutrinas contrárias à moral do Cristo, para que nós possamos apreciar por nossa própria razão a verdade de vossos argumentos. Os anátemas têm uma ação contrária ao seu objetivo, e atingem aqueles que os pronunciam, pois Jesus Cristo nos prescreveu orar a Deus da maneira seguinte: Perdoa-nos nossas ofensas como nós perdoamos aos que nos têm ofendido, isto é, perdoa-nos nossas faltas na mesma medida em que nós as perdoamos nos outros; os anátemas são, portanto, contrários ao ensinamento

[333] Vede a Introdução, página 29, e a *Teologia dogmática* de Antônio, § 182.

do Cristo, e recaem sobre aqueles que os lançam.

Suponhamos que um homem religioso e fanático seja por acaso testemunha de muitas manifestações espíritas que o interessem e que o façam estudar seriamente o Espiritismo. Não encontrando aí nada de contrário à razão nem à lógica, mas não tendo o hábito de contar com seu próprio julgamento a respeito de sua crença, ele se dirigirá a seu Diretor espiritual, para acalmar sua consciência alarmada e para sobre isso receber conselhos. De boa fé, qual conselho pode lhe dar esse Diretor espiritual que não tem, ele mesmo, nenhum conhecimento da ciência espírita? É mais que provável que uma tal coisa não o deterá e que ele responderá: "No Espiritismo, é preciso empregar o sortilégio, possuir o saber cabalístico, evocar os Espíritos em comunhão conosco. Por conseguinte, a prática dos espíritas fundada sobre esta arte místico-mágica não pode ser aprovada[334]". ⊠ Podeis vos representar o espanto daquele que veio para ter conselhos, quando ouve uma tal mutilação do Espiritismo da parte de um homem em quem ele punha toda a sua confiança e de quem esperava ter um raio de luz para esclarecê-lo. Mas o Diretor, notando a perturbação de seu filho espiritual, e relacionando-a ao efeito vantajoso produzido sobre ele por seus argumentos, continuará: "Podem-se julgar dos frutos do Espiritismo vendo os resultados obtidos pela adivinhação por meio de mesas. A que vieram os adeptos dessas doutrinas? Absolutamente a nada. A adivinhação pelas mesas é o feito da curiosidade ociosa: o Espiritismo serve para a mesma coisa, e dele não pode sair nada de bem[335]". Após essa conclusão, o filho espiritual compreende, enfim, que o Espiritismo é como hebraico para seu preceptor espiritual, e, vendo a inutilidade de continuar suas instâncias, deixa-o para não mais revê-lo, dizendo em seu coração: Meu Deus, perdoa-os, pois não sabem o que fazem.

Eis a que triste resultado nós chegamos ao falarmos de um assunto que nos é desconhecido. Não seria mais útil para nós todos, e não seria mais conforme ao caráter de homens sérios e positivos, estudar antes com atenção o Espiritismo,

[334] Ver, no jornal *Raduga* (*Arco-Íris*), 1864, n. 4, o artigo sobre o Espiritismo, pelo arcipreste Gr. Debolsky, página 35.
[335] *Ibidem*, página 38.

e dele não falar senão após tê-lo estudado sob todas as suas faces? Que o Espiritismo merece toda a atenção dos homens sérios, isso está provado por manifestações cuja realidade é hoje admitida pela maioria, mas que não podem ser explicadas pelas leis conhecidas; por conseguinte, essas manifestações nos mostram a existência de uma nova lei, de uma nova força cuja descoberta constitui um assunto digno de toda a atenção dos cientistas. Então os adversários do Espiritismo farão, ao menos, suas objeções contra o verdadeiro Espiritismo, e não contra um Espiritismo imaginário, mesclado de todas as sortes de fantasmagorias, de mistérios, de cabalas, de sortilégios etc., todas coisas que não existem absolutamente no verdadeiro Espiritismo. Os espíritas terão então a possibilidade de refutar todas essas objeções, ao passo que no presente, em presença de todos os artigos, sermões, circulares dirigidas contra o Espiritismo, não podem dizer senão isto: Tudo o que dizeis, tudo o que escreveis, tudo o que imprimis, não está no Espiritismo.

O Espiritismo não age em geral sobre todos os homens da mesma maneira. Nós vemos que, após a leitura do *Livro dos Espíritos* e do *Livro dos médiuns*, uns se tornam espíritas fervorosos, sem ter visto nenhuma das manifestações espíritas, enquanto que outros, que foram testemunhas de muitas manifestações extraordinárias, permanecem, no entanto, incrédulos. Tentemos explicar donde vem a fé robusta de uns, e a dúvida penosa de outros.

Na natureza, não há bruscas mudanças, tudo marcha em um passo regular. Aqueles que em suas existências precedentes já trabalharam em sua melhoria, e atingiram o grau de perfeição moral que lhes permite aproveitar o Espiritismo, estão assaz maduros para aceitá-lo, seu tempo veio; o Espiritismo para eles é o grau imediato na via de sua progressão; é por isso que o aceitam e creem nele com toda a força de sua alma. Aqueles, ao contrário, que, embora tendo cultivado sua inteligência, não trabalharam em sua melhoria moral, não estão ainda prontos a adotar este ensinamento divino; o tempo não veio ainda para eles de aproveitar o Espiritismo, por causa de sua inferioridade moral: pois, embora o tenham compreendido por sua razão, seu Espírito, não tendo ainda assaz lutado contra suas imperfeições morais, não se encontra na condição desejada para se apropriar dele. Para estes, o Espiritismo é um grau não imediato, mas distanciado, que virá mais tarde, e ao qual eles ainda não chegaram. Tudo deve vir em seu tempo. Não ensinais a álgebra, a geometria, ou toda outra parte superior das matemáticas a uma criança que não sabe ainda a aritmética. É assim que Deus, nosso Pai, conduz seus filhos: ele não lhes revela senão o que eles podem compreender, e o que pode lhes ser útil; é por isso que, em sua suprema sabedoria, ele instituiu para toda coisa uma lei de progressão gradual.

A incredulidade mesma dessas pessoas prova a sabedoria e a bondade infinitas de Deus. Em sua presciência ele conhece as forças do homem, e, em sua justiça e sua clemência, não lhe impõe deveres acima de suas forças. Aquele que faz o mal cientemente é mil vezes mais culpado que aquele que o faz sem consciência. Seria conforme à justiça e à misericórdia de Deus fazer conhecer o Espiritismo a um homem que, por sua fraqueza moral, não estaria ainda em estado de aproveitá-lo? Seria justo carregar a criança de um fardo que só o homem forte poderia suportar?

Tal é, segundo nós, a causa da diferença dos efeitos produzidos pelo Espiritismo sobre os homens. Mas virá o tempo (e este tempo, a julgar pela rapidez com a qual ele se espalha, não está longe de nós) em que a maioria dos homens reconhecerá a verdade do Espiritismo. Então sobre a terra se estabelecerá a fraternidade, a terra entrará em sua nova fase, e a justiça aí reinará.

Uma nova geração de Espíritos mais perfeita tomará o lugar da geração atual, e aqueles que não tomaram cuidado com sua melhoria serão expulsos de cima da terra para se reencarnar em mundos inferiores, onde sua vida será mais infeliz e mais penosa.

Tentemos, portanto, inspirar a nossos irmãos a fé no Espiritismo, para que eles possam aproveitar a bondade de Deus que nos tem mostrado, pela revelação deste ensinamento divino, os sofrimentos que eles mesmos se preparam por sua negligência, e que os esperam nos mundos inferiores.

Ensaio de interpretação

Do relato de Moisés sobre a criação do mundo e do homem

Não temos a intenção de tratar esta questão a fundo; de buscar, à maneira dos teólogos, a razão que determinou Deus a criar o mundo, ou de buscar saber se ele o criou na eternidade ou no tempo; limitar-nos-emos a apresentar, com a ajuda da luz que o Espiritismo nos dá, um ensaio de interpretação sobre este relato.

Moisés, em sua qualidade de Espírito superior, de missionário e de enviado de Deus, encarnando-se sobre a terra para realizar a missão imposta por Deus, trouxe consigo, do mundo superior ao qual pertence, a intuição da origem do mundo e do homem, intuição que ele conservou como uma reminiscência do saber que tinha no estado de Espírito. Por isso, quando escreveu a história do homem terrestre, ele quis dar aos homens a ideia da origem dos mundos e do homem.

Considerando deste ponto de vista o Pentateuco de Moisés, devemos dividir sua narração em duas partes: a narração alegórica, escrita por intuição, e a narração histórica. À primeira parte pertence o relato da criação do mundo e do homem, a vida dos primeiros homens no paraíso, sua queda e seu banimento; à segunda parte se relacionam a história dos primeiros homens após seu banimento do paraíso, a de sua posteridade, ou, para melhor dizer, a do povo de Israel, e o código de leis divinas e civis dadas por Moisés.

Tentemos agora captar e compreender o verdadeiro sentido do relato alegórico de Moisés sobre a criação do mundo e do homem. No que concerne à vida dos primeiros homens no paraíso, sua queda e seu banimento, já expressamos nossa maneira de ver no artigo do Pecado original.

Pode-se concluir, do relato de Moisés, que, antes da criação dos mundos, não existia no universo senão a causa primeira, única, individual, eterna, infinita, toda perfeita, inteligente, livre, e que nós chamamos: Deus.

Voltemos agora ao próprio relato:

Moisés diz:

> No começo, Deus criou o céu e a terra. A terra era informe e toda nua; as trevas cobriam a face do abismo; e o Espírito de Deus estava assentado sobre as águas. Ora, Deus disse: Que a luz seja feita, e a luz foi feita. Deus viu que a luz era boa, e separou a luz das trevas. Deu à luz o nome de Dia, e às trevas o nome de Noite; e da tarde e da manhã se fez o primeiro dia[336].

No começo, Deus criou o céu e a terra.

O que é preciso compreender sob os nomes de *céu* e de *terra*? Sob o nome de *céu*, é preciso compreender o espaço infinito no qual se movem os astros, ou bem o mundo dos Espíritos, ou bem, não o Espírito mesmo, mas simplesmente o *princípio espiritual*? Sob o nome de *terra*, é preciso entender a matéria em geral, ou nosso planeta, ou bem o *princípio material*?

É fora de dúvida que Moisés, sob o nome de *terra*, não entendia mais a matéria em geral do que nossa terra em particular: pois diz que a terra era informe e toda nua, isto é, que ela não possuía ainda nem minerais nem vegetais, e que não apresentava senão uma massa material idêntica e sem forma. Ora, um corpo material, qualquer que seja, deve necessariamente ter uma forma qualquer; por conseguinte, o nome de *terra* não pode se aplicar aqui nem à nossa terra, nem à matéria. Não podemos, portanto, compreender, sob o nome de *terra*, senão o *princípio material*, fluido universal, que não

[336] Gênesis, I, 1-5.

tem, com efeito, nenhuma forma determinada. Esta primeira solução nos indica que a palavra *céu* deve significar aqui o *princípio espiritual*, e não o mundo dos Espíritos ou o espaço infinito[337].

As trevas cobriam a face do abismo; e o Espírito de Deus estava assentado sobre as águas.

Aqui, sob o nome de *abismo*, deve-se entender a extensão infinita do universo, e sob o nome de água a matéria, isto é, o fluido universal. Moisés não podia entender sob o nome de água a água propriamente dita, pois no primeiro dia a água não existia ainda; ela não apareceu senão no terceiro dia. E, aliás, é sob este nome que, não somente nos tempos mais recuados, mas ainda à época mesma de Jesus Cristo, designava-se frequentemente a matéria. Muitas passagens das Escrituras santas disso fazem fé; São João Evangelista diz: É este mesmo Jesus Cristo que veio com a água e com o sangue, isto é, com a carne e o sangue; e ***há três que dão testemunho na terra: o Espírito, a água e o sangue***, isto é, o Espírito, a carne e o sangue[338]; o próprio Jesus Cristo diz: ***Se um homem não renasce da água e do Espírito***, isto é, da carne e do Espírito[339]. Por conseguinte, essas palavras do relato de Moisés devem ser compreendidas desta maneira: Que toda a extensão infinita do universo se encontrava submersa nas trevas, e que o Espírito de Deus planava acima da matéria criada por ele, isto é, acima do fluido universal.

Ora, Deus disse: Que a luz seja feita, e a luz foi feita.

De acordo com a vontade de Deus, o princípio material ou

[337] Os Pais da Igreja dizem que, sob o nome de *céu*, é preciso entender aqui o mundo dos Espíritos, ou a criação dos anjos. Eles baseiam sua asserção sobre as palavras de Deus a Jó: *Quando os astros foram criados, todos os meus anjos me louvaram com suas vozes retumbantes* (tal é a tradução literal da Bíblia eslava), e dizem que esta passagem prova que, no quarto dia, quando as estrelas foram criadas, os anjos são reconhecidos como já existindo e louvando a Deus, o que quer dizer que se os crê criados anteriormente.

Mas aqui se apresenta a questão de saber se a tradução eslava do texto hebraico está correta. Esta dúvida vem da comparação da versão eslava e francesa do mesmo versículo; na Bíblia francesa impressa em 1817, em Petersburgo, encontra-se traduzido da maneira seguinte: *Onde estavas, quando os astros da manhã me louvavam todos juntos, e quando todos os filhos de Deus estavam exultantes?* Isso não quer dizer que os filhos de Deus ou os anjos estavam exultantes no momento mesmo em que os astros da manhã louvavam a Deus; um é totalmente independente do outro; um podia acontecer antes, o outro depois.

[338] Ep. I João, v, 6, 8.

[339] João, III, 5.

fluido universal, fundindo-se com o princípio espiritual (notemo-lo bem, e não com o próprio Espírito, que não existia ainda), produziu a matéria luminosa, e Deus viu que a luz era boa.

E ele separou a luz das trevas.

Essas palavras demonstram com evidência que Deus criou no começo a matéria luminosa e não a luz mesma, pois, se tivesse criado a luz, todo o universo teria sido iluminado por ela, e as trevas não teriam podido existir; não teria havido, portanto, nada a separar.

Deu à luz o nome de Dia, e às trevas o nome de Noite; e da tarde e da manhã se fez o primeiro dia.

As palavras *dia*, *noite*, *manhã* e *tarde*, foram empregadas por Moisés a fim de serem compreendidas pelos homens, pois, antes da criação do mundo, o tempo não existia, havia só a eternidade. O tempo foi criado para os homens; o infinito se manifestou no finito. Deus sendo infinito, o tempo para ele é a eternidade; o homem sendo finito, o tempo para ele se divide em passado, presente e futuro; para Deus, ao contrário, não há nem passado, nem futuro, para ele tudo é presente, tudo é eternidade. Eis por que Moisés, descrevendo a criação do mundo, divide-a em períodos, querendo mostrar por aí que Deus não criou o todo instantaneamente, num piscar de olhos, mas gradualmente. Podemos nós, com efeito, tomar a palavra dia, empregada por Moisés, em seu sentido próprio? Não, sem dúvida; pois, o que são o dia e a noite? O espaço de tempo durante o qual um planeta qualquer gira sobre seu eixo, e sua posição relativamente ao seu sol. Mas, uma vez que no começo não havia ainda nem sol nem planeta, não podia, portanto, haver nem dia nem noite, nem tarde nem manhã, como nós o compreendemos hoje. Por conseguinte, pelas palavras *o primeiro dia*, Moisés quis exprimir um período, ou um espaço de tempo determinado, e mostrar que a criação se fez gradualmente, e não de um só golpe. Assim, sob estas palavras *o primeiro dia*, é preciso não entender o dia propriamente dito, mas um espaço de tempo determinado, ou um período.

Por essa razão, as palavras: *E da tarde e da manhã se fez o primeiro dia*, devem ser compreendidas assim: Que tudo foi criado gradualmente durante o primeiro período.

> Deus disse também: Que o firmamento seja feito no meio das águas, e que ele separe as águas das águas. E Deus fez o firmamento: e separou as águas que estavam sob o firmamento das que estavam acima do firmamento. E isso se fez assim. E Deus deu ao firmamento o nome de Céu; e da tarde e da manha se fez o segundo dia[340].

Sob o nome de *firmamento*, que Deus denominou Céu, Moisés entendia a criação das massas de matéria isoladas que deviam formar com o tempo os planetas; pois, o que é o firmamento? É um corpo sólido. É evidente aqui que Moisés dava à palavra *céu* duas significações diferentes. O céu já tendo sido criado no primeiro dia, não havia razão para criá-lo de novo no segundo dia. Portanto, Moisés, para se conformar às ideias dos homens de seu tempo, que tomavam o céu por uma abóbada recobrindo a terra e na qual os astros estavam presos, somente lhes designou o espaço onde as massas de matéria criadas no segundo período estavam colocadas.

E Deus fez o firmamento, e separou as águas que estavam sob o firmamento das que estavam acima do firmamento.

Sob o nome de água, Moisés entendia aqui a matéria ou o princípio material, o fluido universal; pois a água propriamente dita não estava ainda criada. Assim, essas palavras exprimem a ideia de que Deus criou as massas materiais, as quais, em se mergulhando no fluido universal que preenchia o espaço infinito do universo, afastaram-no ou o separaram e aí se arranjaram.

E da tarde e da manhã se fez o segundo dia.

Tudo isso foi criado gradualmente no segundo período.

> Deus disse ainda: Que as águas que estão sob o céu se reúnam em um só lugar, e que o elemento árido apareça. E isso se fez assim. Deus deu ao elemento árido o nome de Terra, e chamou Mares todas essas águas reunidas. E ele viu que tudo isso era bom. Deus disse ainda: Que a terra produza a erva verde que traga o grão, e árvores frutíferas que tragam o fruto, cada uma segundo sua espécie, e que encerrem sua semente em si mesmas para

[340] Gênesis, I, 6, 8.

> se reproduzir sobre a terra. E isso se fez assim. A terra produziu, pois, a erva verde que trazia o grão segundo sua espécie, e árvores frutíferas que encerravam sua semente em si mesmas, cada uma segundo sua espécie. E Deus viu que tudo isso era bom. E da tarde e da manhã se fez o terceiro dia[341].

Nesse terceiro período começa já a organização das massas de matéria criadas e a formação dos planetas com a ajuda dessas massas criadas.

Que as águas que estão sob o céu se reúnam em um só lugar, e que o elemento árido apareça.

Que do fluido universal rodeando as massas de matéria se forme a água, e que das massas de matéria se forme a terra ou continente.

Deus deu ao elemento árido o nome de Terra, e chamou Mares todas essas águas reunidas.

Deus chamou o elemento árido ou continente, a Terra, e as águas reunidas, o Mar.

Deus disse ainda: Que a terra produza a erva verde que traga o grão, e árvores frutíferas que tragam o fruto, cada uma segundo sua espécie, e que encerrem sua semente em si mesmas para se reproduzir sobre a terra.

Isso significa que Deus deu à terra a propriedade de produzir todas as sortes de plantas, com a condição de que as ervas e as árvores encerrassem sua semente em si mesmas, a fim de se reproduzir sobre a terra. Mas Deus, nesse período, não criou as plantas mesmas, mas somente seu germe, uma vez que Moisés diz mais adiante que ele criou todas as plantas dos campos antes que elas tivessem saído da terra, e todas as ervas da campina antes que elas tivessem brotado. "Pois o Senhor Deus não tinha ainda feito chover sobre a terra; e não havia homem para lavrá-la[342]".

E da tarde e da manhã se fez o terceiro dia.

Tudo isso foi criado gradualmente no terceiro período.

> Deus disse também: Que corpos de luz sejam feitos no firmamento do céu, a fim de que eles separem o dia da noite, e que sirvam de sinais para marcar

[341] Gênesis, I, 9-13.
[342] Gênesis, II, 5.

> o tempo e as estações, os dias e os anos; que eles luzam no firmamento do céu, e que iluminem a terra. E isso se fez assim. Deus fez, pois, dois grandes corpos luminosos, um maior, para presidir o dia, e outro menor, para presidir a noite: ele fez também as estrelas. E ele os pôs no firmamento do céu para luzir sobre a terra, para presidir o dia e a noite, e para separar a luz das trevas. E Deus viu que tudo isso era bom. E da tarde e da manhã se fez o quarto dia[343].

Moisés, no começo do relato do quarto período, fala da criação de corpos luminosos primitivos e de sóis primitivos em todo o universo em geral, dizendo que eles separam o dia da noite, e que servem de sinais para marcar os tempos, as estações, os dias e os anos; que eles luzem no firmamento do céu, e que iluminam a terra, isto é, todo o mundo material, isto é, todos os planetas em geral que foram criados então.

Depois, para ser melhor compreendido por seus contemporâneos, Moisés aplica essa criação dos sóis à terra, e fala de nosso sol e da lua, querendo por aí lhes fazer compreender que todo planeta, assim como a terra, tem seu sol que o ilumina durante o dia e seu satélite que o ilumina durante a noite. Embora Moisés não explique ainda que a lua, não tendo sua própria luz, apenas reflete a do sol, assim como os outros planetas que de longe nos parecem como pontos luminosos, ele parece querer explicá-lo, porque acrescenta estas palavras: *Ele fez também as estrelas*, isto é, que todos os planetas e seus satélites refletem também a luz de seus sóis, que eles brilham também no espaço, e que formam, uns em relação aos outros, pontos luminosos ou estrelas.

E da tarde e da manhã se fez o quarto dia.

Tudo isso foi criado gradualmente no quarto período.

> Deus disse ainda: Que as águas produzam animais vivos que nadem na água, e aves que voem sobre a terra sob o firmamento do céu. Deus criou, pois, os grandes peixes, e todos os animais que têm a vida e o movimento, que as águas produzem, cada um segundo sua espécie, e criou também todas as aves

[343] Gênesis, I, 14-19.

> segundo sua espécie. Ele viu que isso era bom. E os abençoou, dizendo: Crescei e multiplicai-vos, e enchei as águas do mar; e que as aves se multipliquem sobre a terra. E da tarde e da manhã se fez o quinto dia[344].

No quinto período, Deus criou nas águas de todos os planetas então criados os peixes e os animais do mar, e no ar as aves.

E da tarde e da manhã se fez o quinto dia.

Tudo isso foi criado gradualmente no quinto período.

> Deus disse também: Que a terra produza animais vivos cada um segundo sua espécie, os animais domésticos, os répteis e as bestas selvagens da terra segundo suas diferentes espécies. E isso se fez assim. Deus fez, pois, as bestas selvagens da terra segundo suas espécies, os animais domésticos e todos os répteis cada um segundo sua espécie. E Deus viu que isso era bom. Ele disse em seguida: Façamos o homem à nossa imagem e à nossa semelhança, e que ele comande os peixes do mar, as aves do céu, toda a terra, e todos os répteis que se movem sobre a terra. Deus criou, pois, o homem à sua imagem; ele o criou à imagem de Deus, e os criou macho e fêmea. Deus os abençoou, e lhes disse: Crescei e multiplicai-vos; enchei a terra, e vo-la sujeitai, e dominai sobre os peixes do mar, sobre as aves do céu e sobre todos os animais que se movem sobre a terra. Deus disse ainda: Eu vos dei todas as ervas que trazem seu grão sobre a terra, e todas as árvores que encerram em si mesmas sua semente cada uma segundo sua espécie, a fim de que vos sirvam de nutrição, e a todos os animais da terra, e a todas as aves do céu, a tudo o que se move sobre a terra, e que é vivo e animado, a fim de que eles tenham de que se nutrir. E isso se fez assim. Deus viu todas as coisas que tinha feito; e elas eram boníssimas. E da tarde e da manhã se fez o sexto dia[345].

[344] Gênesis, I, 20-23.
[345] Gênesis, I, 24-31.

No sexto período Deus criou todos os animais, os répteis e o homem. Mas, falando da criação do homem. Moisés nos mostra claramente que o homem, à criação do qual Deus chegou gradualmente, subindo das criaturas inferiores às superiores, forma na cadeia da criação o primeiro elo de uma ordem nova e superior; que no homem se reflete já a imagem e a semelhança do Criador; e que nele está expresso o infinito no finito, a eternidade no tempo, a extensão ilimitada no espaço. Este ser por excelência é um ser superior; é nele que o princípio espiritual atinge a perfeição do Espírito; é já um Espírito, uma individualidade, um ser independente, assemelhando-se ao Criador, possuindo a razão, o livre arbítrio e o sentimento moral; um ser que tende à perfeição, a se conhecer a si mesmo e a conhecer a Deus, causa primeira de tudo o que existe.

E da tarde e da manhã se fez o sexto dia.

Tudo isso foi criado gradualmente no sexto período.

Assim, todo o relato alegórico de Moisés, em relação à criação do mundo e do homem, pode ser explicado da maneira seguinte:

No primeiro período, Deus criou o princípio espiritual e o fluido universal ou princípio material. As trevas cobriam todo o espaço infinito do universo. O Espírito de Deus planava no fluido universal criado por ele, e criou a matéria luminosa, pelo efeito da qual ele separou a luz das trevas.

No segundo período, Deus criou as massas de matéria que deviam formar com o tempo os planetas. Essas massas materiais, mergulhando-se no fluido universal que preenchia todo o espaço do universo, afastaram-no e aí se arranjaram.

No terceiro período, Deus criou a água e a reuniu em um só lugar; dessa maneira as águas formaram os mares, e as massas materiais, os continentes ou a terra firme. Ele criou a semente das ervas e das plantas, e deu à terra a propriedade de produzir, em circunstâncias favoráveis, todas as sortes de plantas, com a condição de que as ervas e as árvores encerrassem sua própria semente em si mesmas para se reproduzir sobre a terra.

No quarto período, Deus criou os sóis do universo, cuja luz se reflete sobre todos os planetas e sobre todos os seus satélites já criados, que formaram corpos luminosos que ele chamou pelo nome de *estrelas*. Ao número desses corpos luminosos pertencem nosso sol e nossa lua. Os sóis foram criados para iluminar o mundo material, e para separar o dia da noite, e servir de sinais para marcar os tempos, as estações, os dias e os anos.

No quinto período, Deus criou nas águas de todos os planetas existentes então os peixes e os animais do mar, e no ar as aves.

No sexto período, Deus criou os animais e os répteis, e coroou sua obra por uma criação sublime, a criação do homem; do ser dotado da razão, do livre arbítrio e do sentimento moral; do ser capaz de tender à perfeição, de se conhecer a si mesmo e de conhecer a Deus, causa primeira de tudo o que existe.

Nós sempre pensáramos que a alma humana tinha sido criada por Deus de um só golpe; mas, examinado e aprofundando o sentido do relato alegórico de Moisés, e tomando em consideração este princípio de que Deus não faz nada de inútil e que não tenha um objetivo, nós chegamos a esta conclusão de que o mundo material encerra em si mesmo o princípio espiritual que, aperfeiçoando-se gradualmente com a matéria, torna-se no fim, individualizando-se, Espírito ou alma humana.

Se se admite que Deus criou os Espíritos no primeiro período, perguntaremos então por que essa criação antecipada, uma vez que o corpo que esses Espíritos devem animar não aparecerá senão cinco períodos mais tarde, e que cada período pode ser de muitos milhares de anos? Mas se, ao contrário, Deus no primeiro período não criou senão o princípio espiritual, esse princípio não podia permanecer inativo durante cinco períodos para se transformar de um só golpe no sexto em Espírito individual ou em alma humana, tanto mais que tudo na natureza demonstra a progressão sucessiva mais estrita. Por isso, devemos disso concluir que o princípio espiritual, criado ao mesmo tempo em que o princípio material antes de todas as coisas, foi necessário para as criações posteriores, de sorte que a matéria luminosa, criada imediatamente após esses dois princípios, deveu ser formada do princípio espiritual e do princípio material, e que as massas de matéria (2.° período) deveram ser formadas do princípio espiritual, do princípio material e da matéria luminosa, e assim por diante. Desta maneira, seguindo sempre os graus da criação, cada criação posterior devia necessariamente encerrar em si mesma os elementos de todas as criações anteriores, e, subindo gradualmente à perfeição superior, o princípio material atingia, enfim, a perfeição do organismo do corpo humano, e o princípio espiritual a formação do Espírito ou da alma humana.

Com efeito, podemos admitir que a alma humana seja apenas o princípio espiritual primordial? Não, é o princípio espiritual já desenvolvido, aperfeiçoado, individualizado, numa palavra, um Espírito. Nós vemos na natureza o mesmo princípio espiritual, mas em um estado muito menos perfeito. Recusareis à ostra o princípio espiritual? Ela já tem as primícias do livre arbítrio e do instinto; e, remontando da ostra até as espécies superiores de animais, encontrareis o desenvolvimento gradual do instinto e do livre arbítrio, e em certas espécies de animais o julgamento e uma sorte de razão.

O princípio espiritual, enquanto ainda não atingiu o grau do Espírito ou alma humana, realiza seu progresso, começando do átomo do grão de areia, e passando sucessivamente por todos os minerais, por todos os vegetais e, enfim, por todas as espécies de animais, começando pelos mais inferiores para subir aos superiores. Mas, quando já atingiu uma vez o grau do Espírito ou alma humana, ele continua então sua perfeição apenas no corpo do homem, e não naquele dos animais de outra espécie, até que, enfim, atinja o estado de puros Espíritos. Não admitis o aperfeiçoamento nos animais, e como exemplo citais a andorinha, que continua a fazer seu ninho da mesma maneira que fazia antes do dilúvio, sem nenhuma mudança. Mas vossa conclusão é um erro. É verdade que a andorinha de hoje está no mesmo grau de desenvolvimento em que estava o Espírito que a animava antes do dilúvio; mas eu vo-lo pergunto, esse Espírito é o mesmo? Não, o Espírito que animava o corpo da andorinha antes do dilúvio, por causa da perfeição que terá adquirido depois, anima talvez no presente o corpo de um elefante, no qual se mostra já uma sorte de julgamento e de raciocínio. O Espírito, nos graus inferiores de sua perfeição, não se aperfeiçoa exclusivamente em uma só espécie qualquer, mas, em razão de seu progresso, ele passa gradualmente para as espécies superiores. Por conseguinte, o princípio espiritual deve estar submetido à mesma lei de aperfeiçoamento gradual à qual o princípio material está submetido.

> Deus terminou no sétimo dia toda a obra que tinha feito; e repousou no sétimo dia, após ter acabado todas as suas obras. Ele abençoou o sétimo dia, e o santificou, porque tinha cessado nesse dia de produzir todas as obras que tinha criado. Tal era a origem do céu e da terra[346].

Isso não quer dizer que Deus repousou, com efeito; Deus não tem necessidade de repouso; as palavras de nosso Salvador o provam: *Meu Pai não cessa de agir até o presente, e eu ajo também incessantemente*[347]. Mas isso significa que Deus, nesses seis períodos de tempo, pôs em ação todas as suas leis eternas em relação aos mundos e aos homens primitivos, e que a criação ulterior de mundos, de sóis e de homens segue as mesmas leis.

As palavras seguintes de Moisés no fim de seu relato alegórico: *Tal era a origem do céu e da terra*, induzem-nos a concluir que ele nos dava o quadro da origem das coisas, da criação dos mundos *primitivos*, e não o da criação só de nossa terra; é por isso que essas palavras deveriam ser compreendidas da maneira seguinte: *Tal era a origem dos mundos espiritual e material.*

Pode-se nos objetar que, se as leis eternas e imutáveis de acordo com as quais o Espírito e a matéria se aperfeiçoam estão estabelecidas de uma vez por todas, Deus então se torna inútil. A isso nós respondemos: que a criança que aprende e se instrui, forme e desenvolva seu espírito – é uma lei eterna e imutável; mas, para que ela se ocupe, é preciso que uma vontade estranha a sustente e a guie. Outro exemplo: conhece-se a lei de acordo com a qual se obtém a água; mas, para que a união do oxigênio e do hidrogênio tenha lugar na proporção

[346] Gênesis, II, 2-4.
[347] João, V, 17.

desejada, é preciso o concurso de uma vontade razoável estranha. Enfim, com a terra se pode fazer um vaso; mas, para que o vaso seja feito, é preciso um obreiro que saiba fazê-lo, de outro modo, a terra permanecerá por toda a eternidade a terra simples, e não se transformará jamais por si mesma em vaso.

Isso mostra muito claramente a necessidade de um cuidado constante e perpétuo do Criador por suas criaturas, e que nada se faz sem a vontade de Deus. Entretanto, como Moisés levou a descrição da criação apenas até os mundos e os homens primitivos, como nós sabemos que os planetas, aperfeiçoando-se, atingem o estado de mundos superiores, e como esse aperfeiçoamento é infinito, os mundos e os Espíritos aperfeiçoados devem estar submetidos a outras leis eternas de Deus, das quais não temos nenhuma ideia. Então todas essas leis, para serem postas em ação, não demandam somente um tempo, mas a eternidade inteira.

Terminando nossa obra, sem dúvida bem imperfeita e que talvez não esteja à altura da gravidade do assunto, não cremos inútil acrescentar a reflexão seguinte: É possível que a interpretação dos textos do Antigo e do Novo Testamento que damos no presente seja incorreta, uma vez que, não podendo nos dirigir diretamente aos textos originais, somos obrigados a recorrer à sua tradução. Ora, os tradutores não vertem sempre exatamente o sentido do texto. Pode-se dizê-lo, sobretudo, em relação aos nossos Livros santos, cuja tradução foi feita em uma época em que o círculo de ideias era ainda muito restrito. Os tradutores, tendo uma ideia preconcebida do assunto, tentaram, traduzindo o texto, reproduzi-lo no sentido de sua própria ideia, e, assim, não somente não verteram o verdadeiro sentido do texto, mas lhes aconteceu algumas vezes de aí acrescentarem palavras que não se encontravam no original, e de desfigurar por aí o seu sentido. Eis um exemplo disso: na tradução eslava e russa, as palavras de Jesus Cristo são vertidas da maneira seguinte: *Se o homem não renasce da água e do Espírito*[348]; o tradutor francês acreditou necessário acrescentar a palavra *Santo*, e as traduziu: *Se o homem não renasce da água e do Santo Espírito*. Segura-

[348] João, III, 5.

mente ele o fez com a intenção de aproximar o sentido desse texto da interpretação que o clero conveio em lhe dar, relacionando-o ao santo Batismo. É necessário notar ainda que a língua hebraica apresenta esta particularidade, que a maior parte de suas palavras tem muitas significações, o que torna sua tradução difícil.

Seria, portanto, de desejar que pessoas especiais formassem uma sociedade para traduzir mais uma vez o Antigo e o Novo Testamento de acordo com os documentos originais. É uma necessidade urgente de nossa época. Com o progresso atual da inteligência humana, o exame esclarecido dos textos originais poderia nos restituir seu sentido verdadeiro, e derramar a luz sobre as passagens que são ainda obscuras. Esse exame dissiparia muitas dúvidas, faria cessar as discussões sem fim, conciliaria as contradições, e talvez mesmo daria lugar à reunião de todas as seitas cristãs em uma só e verdadeira religião cristã.

Fim

Apêndices

Necrológio: morte do Sr. Boltin
(*Revista Espírita*, março de 1872)

Evocação de Apollon Boltin
(*Revista Espírita*, junho de 1872)

Revista Espírita
Março de 1872.
(Secretário-gerente: P. G. Leymarie)

Necrológio

(...)

Anunciamos aos nossos assinantes a chegada no mundo dos Espíritos do eminente e sábio Apollon Boltin, presidente da primeira sociedade de São Petersburgo; em um próximo número da *Revista*, teremos a falar deste Espírito distinto e, sem dúvida, teremos uma nova evocação a inserir aqui.

Revista Espírita
Junho de 1872.
(Secretário-gerente: P. G. Leymarie)

Evocação de Apollon Boltin

Anunciamos ultimamente a morte de nosso irmão em Espiritismo, Apollon Boltin; os leitores da *Revista* devem se recordar da obra intitulada: *Os Dogmas da Igreja do Cristo explicados pelo Espiritismo*, livro interessante do qual Allan Kardec fez uma resenha em dezembro de 1866, página 389. Apollon Boltin pôs, nesse volume de 257 páginas, todo o seu talento de homem erudito, de pesquisador consciencioso, de espírita convicto.

Pergunta. Estabeleceste, sobre a força moral, uma teoria psicológica muito avançada; podes dar algumas explicações sobre esse mal moral que deixa as almas na estagnação?

Resposta. A força moral é uma lei universal que não se pode negar; aqueles que a chamam "sonho imaginário" pertencem a um certo mundo que pretende estar "no movimento", isto é, adorar o gozo material e o interesse pessoal, chegar depressa, a despeito dos obstáculos, a possuir muito para obter todas as honras do mundo oficial. Assim, ter o sentimento da dignidade pessoal, ter uma consciência, é "vegetar", é ser "afastado por amigos que se divertem com vossa candura": primeiro obstáculo a suprimir.

Seguir a linha reta com seus amigos, com sua família, não esmagar aquele que se opõe à vossa marcha para frente, é se "recusar o direito à ambição, o poder de possuir muito ouro", é "não se inclinar diante do sucesso que salva todas as aparências": segundo obstáculo a suprimir.

Não ser um Proteu sem opinião, não saber opinar com a cabeça ou curvar a espinha; numa palavra, ter convicções, é "ficar no último plano": terceiro obstáculo a suprimir.

A sociedade inteira está atingida deste funesto contágio do mal moral, há entorpecimento e estagnação de ideias; o labor, a instrução, a atividade, o desenvolvimento da família, a organização do trabalho sobre o princípio da família unicamente podem deter estas más influências.

Pergunta. A reencarnação, segundo nós, deve ser um poderoso meio para aniquilar o mal moral; está aí o ponto capital da obra de Allan Kardec. Poderias, Espírito de Apollon Boltin, dar-nos vossa opinião a este respeito?

Resposta. A reencarnação é o modo escolhido por Deus para a elaboração do princípio espiritual. Para torná-la eficaz, é preciso não cometer faltas sobre faltas, não nos enviar essas gerações de almas entorpecidas e inquietas, esse mundo de Espíritos sofredores que se mescla ao fluido ambiente de vossa terra para alterá-la; esse contato vos traz a corrupção e a desordem. Por isso, as tendências de vossas almas, que, como bons guias, querem dirigir ao bem espiritual, são desviadas de seu objetivo. O mal moral ou a dominação dos Espíritos materiais vos governa; mudai vossos hábitos, vossas leis, vossos costumes, amai-vos, ajudai-vos, e tereis um mundo de desencarnados, modelado sobre o vosso.

Pergunta. Então, preconizas aquela opinião, de que toda semeadura espiritual se colhe na erraticidade?

Resposta. O que semeastes se colhe hoje, vossas lutas terríveis são a prova disso, e brevemente, entre o mal moral, germe de decomposição corporal e espiritual, e a força moral, fonte de progresso e de verdadeira grandeza, haverá uma luta sem igual, luta tal, que não poderíeis encontrar semelhante em vossa história.

Pergunta. Pensas, como nós, que nossas aspirações estejam subordinadas à nossa razão?

Resposta. Sim, e sois condenáveis vos deixando desmoralizar pelos desencarnados; vossa fraqueza atrai as más influências como os corpos sem vida chamam os corvos e a peste; o contrário é a verdade.

Pergunta. Possuis a prova certa de que estiveste na verdade absoluta, ao preconizar a doutrina de Allan Kardec?

Resposta. Unir-se, amar-se, consolar-se, ser sempre um exemplo fraternal, eis o meio, eis o bom trabalho; para inteligi-lo, esse trabalho, encontrei, na filosofia tão racional de Allan Kardec, todos os elementos desejados, unidos a uma lógica sem igual; esta doutrina resolve os temíveis problemas do porvir, ela está em concordância não somente com a ciência, mas também com nossas aspirações; ela nos dá a força moral. Ao preconizar o Espiritismo, eu fiz meu dever, e a prova mais evidente de sua realidade é que eu vivo e me comunico com minha querida filha Anna, em Janovo, Rússia, e convosco, senhores, 7, rua de Lille.

Pergunta. Não parecias, em tua comunicação com tua filha Anna, aceitar o parentesco do homem com todas as séries animais. Persistes sempre na mesma opinião?

Resposta. Não, senhores, sou no presente pela sucessão das formas animais, desde o ser rudimentar até o vertebrado superior; o homem, vejo-o hoje, não é uma superfetação fora das leis da natureza; último nascido da criação, é o produto direto de todas as existências animais que o precederam, beneficia-se dos esforços múltiplos de inumeráveis gerações. A obra de Deus me parece, assim, mais consequente, mais lógica, melhor apropriada à grande lei de reencarnação, e estudos subsequentes me são prometidos. Nossos preconceitos caem; não são eles o véu que recobre a eterna verdade? Apollon Boltin[349]

[349] Nós recebemos a correspondência da senhorita Anna Boltin.

O tradutor, Luiz Gustavo Oliveira dos Santos (Brasília, 1980 –), é formado em Filosofia, especialista em Filosofia Política e mestrando em Filosofia da Religião. Desde 2008, trabalha como professor de Filosofia, atuando presentemente na Secretaria de Educação do Distrito Federal.

No movimento espírita, é palestrante, desde 2004, em casas espíritas do Distrito Federal e monitor de estudos espíritas (ESDE, EPM, EOCE), desde 2008, no Grupo Assistencial Espírita Auta de Souza, na Candangolândia-DF. Também participa de seminários, mesas-redondas e eventos em Semanas Espíritas no DF, como debatedor e expositor de assuntos doutrinários.

Atualmente, dedica-se também à pesquisa e tradução de autores espíritas clássicos, principalmente das obras filosóficas, teológicas e científicas constantes do *Catálogo Racional* de Allan Kardec, indicadas por ele como *complementares* da doutrina, bem como à produção de textos filosóficos e espíritas.

POVOS PRIMITIVOS E MANIFESTAÇÕES SUPRANORMAIS

ERNESTO BOZZANO
14x21cm – 336 páginas

Os poderes psíquicos do homem sempre desabrocharam em todas as latitudes do globo, desde os primórdios da humanidade. Nos povos antigos, sobretudo os mais ligados à vida natural, o livre curso dessas faculdades foi e é intrínseco à existência.

Ernesto Bozzano, pesquisador infatigável, considerado o maior conhecedor dos fenômenos metapsíquicos do Ocidente nos primórdios do espiritismo, fez um levantamento fascinante sobre todo o repertório de produções supranormais – hoje mediúnicas – das fontes mais diversas e confiáveis. Trata-se de uma descrição e análise acurada de casos extraordinários de telepatia, clarividência do presente, passado e futuro, levitação, transporte de objetos, materializações, voz direta, aparição de vivos e "mortos", em diversas culturas, não deixando de incluir registros inusitados de magia negra e licantropia. Este último configura um fenômeno de extrema raridade nos registros ocidentais, em se tratando de experiências no mundo físico: seres humanos utilizando corpos de animais.

Povos Primitivos, obra digna da maestria do famoso pesquisador, representa um precioso documento para os estudiosos da fenomenologia psíquica, ao mesmo tempo que fascinante relato para o leitor que se compraz em explorar os territórios mágicos dos poderes psíquicos do ser humano.

OS DOGMAS DA IGREJA DO CRISTO
foi confeccionado em impressão digital, em maio de 2018
Conhecimento Editorial Ltda
(19) 3451-5440 — conhecimento@edconhecimento.com.br
Impresso em Super Snowbright_b 70g, Hellefoss AG